# 刑律，朕說了算！

鞏固君主地位、維持貴族世襲、加強宗法制度，
從先秦律令到歷代刑罰，
看古人以法「制」天下

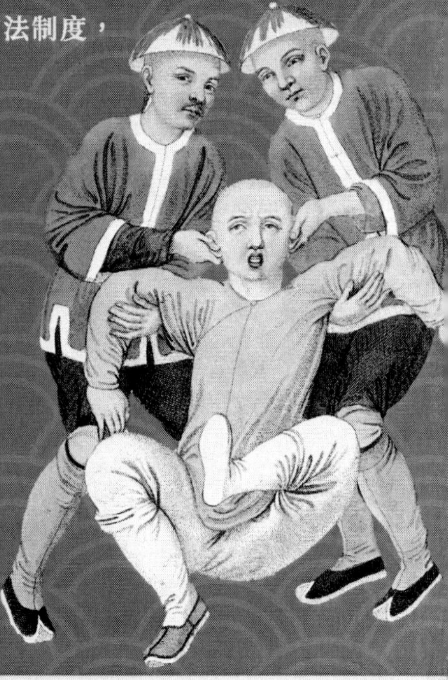

◎吳末帝孫皓經常對失禮的臣下處以「剝皮」？
◎楚懷王誤以為美人嫌他口臭便暴怒動「劓刑」？
◎明太祖朱元璋用法嚴苛，還發明了「剝皮楦草」？
◎皇后賈南風善妒，見其他妃嬪懷孕便現場「剖腹」？

**五刑體系、現場勘察、屍體檢驗、刑訊逼供，**
**從違逆大罪到小民細事，細說中國歷代律令及刑罰**

# 目錄

## ◆歷代律令

# 目錄



◆歷代刑法

# 目錄

# 歷代律令

## 先秦刑律

先秦時期關於犯罪與刑罰的法律規範。

相傳中國歷史上第一個朝代夏建立之前，即虞舜時已有刑法。皋陶曾被舜任為掌管刑法的官。《左傳》昭公十四年載：「《夏書》曰：『昏、墨、賊、殺。』皋陶之刑也。」夏代的刑法，稱作「禹刑」。所謂「禹刑」即夏代法律的總稱，不一定是禹時制定的。古書記載「夏后肉辟三千」、「夏后氏正刑有五，科條三千」、「夏刑三千條」等等，恐係後人揣測，未足憑信。為了加強刑法的威懾力量，夏代統治者常以「天」的名義實行懲罰，所謂「天討」、「天罰」。當時刑罰較嚴酷，動輒即「誅」、「殺」或罰為奴隸。例如，對不服從軍令、拒絕作戰的人，不僅懲罰本人，而且戮及妻、子。

商代的刑法較夏代有新的發展。《左傳》昭公六年載：「商有亂政，而作湯刑。」湯是商朝的建立者，「湯刑」指有商一代的法律，或因最初制定於湯時，故以湯為名。由於商代法律已初具規模，以至於周朝建國之初還強調沿用殷法統治商族遺民，即刑罰斷獄要用殷之常法。

商統治者對於危害社會秩序的行為處刑極重。從殷墟甲骨文看，商代似已有墨、劓、剕（刖）、宮、大辟等五刑。

墨，又名黥，即刻刺肌膚，填墨。有人認為甲骨文「妾」、「童」等字所從的「目刂」就像墨刑所用的刑具。

劓，即割鼻。甲骨文有「自刂」字。「自」本象鼻形，「削」從自從刀，象徵割鼻之意。

剕（刖），即斷足。甲骨文有像用鋸截斷人足的字。

宮，男子割掉生殖器，女子幽閉。甲骨文有像用刀割去生殖器的字。

大辟，即殺、斬。甲骨文「伐」字即像以戈砍人頭之形。

商代末，統治者還施用其他種種殘暴刑罰。紂王設「炮烙之法」，即銅柱上塗油，用炭燒紅，令罪犯行於上，墮炭火中。商統治者還在各地設置監獄，並以刑具拘繫囚犯。甲骨文「執」、「圉」等字所從的即古文獻中的「梏」字，意為手的刑具。《周禮．掌囚》鄭玄註：「在手曰，在足曰桎。」

西周時期，國家制度進一步完善，法律制度也有新的發展。傳說西周立國之初就訂出「刑書」九篇，周穆王時司寇呂侯又作《呂刑》。鑒於商末重刑辟，曾激起人民的強烈反抗，周族統治者了解到僅依靠暴力鎮壓並不能維持其統治，於是提出了「明德慎罰」的主張，產生了刑罰的目的在於預防犯罪的思想，在刑法中初步劃分了故意（非眚）和過失（眚）、一貫（唯終）和偶犯（非終）的區別。對故意和一貫犯罪，雖是小罪也處重刑；過失和偶犯，即使情節嚴重亦可減刑。當時還提出了較為明確的定罪概念，如「毀則為賊，掩賊賄為盜，盜器為奸」。主張斷獄定罪，須有事實根據。有關五刑的訟辭，也須核實，驗證可信，方可實施刑罰，難於確定的疑案，更要慎重處理。西周時期基於「明德慎刑」、「庶獄庶慎」思想所確立的一些刑法原則，是對中國古代刑法理論的巨大發展。

西周時期，為了加強國君的統治地位，凡侵犯君主的行為，均被認為是最嚴重的犯罪，處以最重的刑罰，所謂「放弒其君則殘之」。為了維持貴族世襲統治，加強宗法等級制度，西周時期還出現了「不孝」、「不悌」、「不睦」、「不姻」、「不敬祖」等罪名，認為「不孝不友」為「無惡大憝」，「刑茲無赦」。為了保護貴族私有財產免受侵犯，周代刑法加重了對侵犯私有財產的處刑。《尚書．費誓》：「無敢寇攘，逾垣牆，竊馬牛，誘臣妾，汝則有常刑。」

據文獻和銅器銘文可知，西周時期除「五刑」之外，還有鞭、贖等刑罰。鞭，相傳周代以前就定為刑罰。西周晚期銅器《僻》銘文有「鞭汝千」、「鞭汝五百」等，證實西周確用鞭刑。贖，是用財物抵消肉刑或死刑的刑罰。《尚書・呂刑》有「墨辟疑赦，其罰百鍰」，「大辟疑赦，其罰千鍰」。《僻匜》「今大赦女（汝），便（鞭）女（汝）五百，罰女（汝）三百爰（鍰）」，與《呂刑》篇所記相合。

春秋初期各諸侯國基本上沿用西周時的法律，中葉以後，社會政治、經濟的深刻變革促進了法律制度的變化。各諸侯國執政的統治者適應新的形勢，陸續公布了新的成文法。《左傳》昭公六年記「鄭人鑄刑書」，杜預註：「鑄刑書於鼎，以為國之常法。」此後三十年，鄭國大夫鄧析為了貫徹自己的主張，曾自行修改舊法，另編刑書。因書寫於竹簡上，史稱「竹刑」。後為鄭國採用。繼鄭鑄刑書之後，西元前五一三年，晉趙鞅、荀寅也將范宣子執政期間制定的法律鑄於鼎上，史稱「刑鼎」。

「刑書」、「竹刑」、「刑鼎」均不傳世。但從立法者所推行的政策來看，春秋各國頒行的新法，無疑有利於社會的發展。而且公布成文法的本身，就突破了「刑不可知，則威不可測」的舊傳統，是對貴族壟斷法律特權的沉重打擊。

戰國時期，各諸侯國繼春秋中葉以來公布成文法的潮流，陸續制定了實質上是君主專制國家的法律。魏文侯時李悝所著《法經》，則是春秋以來各國立法之大成。《法經》分盜、賊、囚、捕、雜、具六篇，前四篇為「正律」，內容主要是懲治「盜」、

「賊」的法律規定，「雜律」規定的是除「盜」、「賊」以外的其他各種罪名與刑罰。「減律」是根據不同情節加重或減輕處罰的規定。《法經》的出現，是中國古代法制史上的一大發展。在體例上，《法經》以罪名為綱，所謂「皆罪名之制」。較以前以刑名統罪名，即將處相同刑罰的罪名列入同一章節，更為科學。是法典編纂的重大變化。《法經》以刑法為主，雜以訴訟法和其他法律內容的體系，對後代的立法有深刻影響。

在戰國時代法家輕罪用重刑和「以刑止刑」思想影響下制定的刑法，極其嚴酷，故有「戰國之世，刑法深苦」之說。以秦國為例，當時的刑罰已有徒刑和死刑的初步劃分。徒刑中有「隸臣、妾」、「鬼薪、白粲」、「城旦、舂」等。判處徒刑時常附加肉刑，如「黥為隸臣」、「刑為鬼薪」、「黥劓為城旦」等等。判處徒刑的囚犯，實際上就是為官府服役的奴隸。死刑有車裂、剖腹、梟首、腰斬、抽脅、鑊烹等等。此外還有「夷三族」和連坐等規定。

中國現存最古的成文法律是一九七〇年代在湖北雲夢睡虎地秦墓裡發現的秦律的部分抄本。其條文大都制定於戰國時期。

## 《法經》

《法經》是戰國初期魏國著名政治家李悝（約前四五五至前三九五）制定的中國歷史上第一部比較完整比較系統的封建成文法典。作為前期法家重要代表人物，李悝曾在魏國實行大規模的封建性改革，其中重要成果之一，龍形玉飾即是在總結春秋各國立法經驗的基礎上制定出《法經》。《法經》由盜法、賊法、囚法、捕法、雜法、具法六篇組成。其中盜法、賊法及雜法規定各種具體犯罪及其處罰，囚法、捕法大略規定捕獲罪人及訴訟方面的事宜，具法則是「具其加減」，即規定犯罪加重或減輕處罰的一般原則。《法經》原文早已失傳，但它的篇章結構和「諸法合體」的編纂形式為後世封建立法創立了模式，影響深遠。

## 秦律

秦律是秦王朝建立以前及統一以後所實行的法律制度的總稱。秦王朝是在中國歷史上影響巨大的一個專制王朝，秦朝法律制度作為中國歷史上第一個統一的全國性中央政權的法律制度，在中國法制歷史上也有著重要地位。秦朝封建法制的建睡虎地秦簡泰山刻石立，至少可以追溯到商鞅（前三九〇至前三三八）變法時期。秦孝公三年，商鞅開始在秦國實行變法，以李悝的《法經》為藍本，改法為律，制定了秦國的刑律六篇，並把法家一系列法律主張運用到政治實踐之中，形成了秦朝法律制度的基本特色，秦朝法制在此期間得到了很大的發展。一九七五年在湖北雲夢出土的大批秦墓竹簡證明，秦王朝的法律規範種類繁多，涉及到農業、手工業、商業、行政管理、倉儲、物資檢驗、牛馬飼養以及刑事犯罪、司法訴訟等各個方面。秦朝刑律、刑罰殘酷，處罰極重，充分體現了法家「以法治國」及「重刑」的特色。雖然秦朝法律制度在風格上不同於後世深受儒家影響的各朝法律，但秦王朝所形成的中國傳統政治法律制度的基本框架，一直伴隨著整個封建社會的始終。

## 漢律

漢律包括西漢初期制定的《九章律》、《傍章》以及《越宮律》、《朝律》等基本法典，其中以《九章律》為骨幹。《九章律》是西漢初年丞相蕭何在參照秦朝舊律的基礎上制定出皇后之璽漢代木簡來的，在《法經》及秦律原有六篇之外增加戶、興、廄三篇，合為九篇，故稱《九章律》。以《九章律》為核心的漢初刑律，多屬在秦朝舊律的基礎上刪修而成，在內容和風格上與秦律密切相關。自漢文帝、漢景帝以後，逐漸對原有法制進行了一系列的改革，特別是在漢武帝接受「罷黜百家、獨尊儒術」的建議以後，儒家學說即開始獨霸中國政治舞台，並開始透過各種途徑向法律領域滲透，由此中國傳統刑律即開始走上儒家化的道路。西漢中期以後在法律理論、法律原則、具體制度以及在司法活動中所取得的儒家化成果，在很大程度上被納入後世的各部刑律之中。

## 《曹魏律》

曹魏律是三國時期曹魏政權的基本法典，制定於魏明帝即位之初，於太和三年頒行，史稱《魏律》。《曹魏律》在漢《九章律》的基礎上，增加上尊號碑劫掠、詐偽、毀亡、告劾、系訊斷獄、請賕、驚事、償贓、免坐九篇，合為十八篇。《曹魏律》的制定，標誌著中國傳統刑律進入法典科學化、完備化的新時代。曹魏律對秦漢相沿舊律的篇章結構和法典內容進行了徹底改革，如將《法經》以來的「具律」改為「刑名」一篇，並置於整部法典之首，在法典中正式列入維護官僚貴族特權的「八議」制度，大量減輕處刑幅度，刪除舊律中的繁雜條文等。這些改革相對糾正了秦漢舊律內容龐雜、結構零亂的弊病，使整部法典篇章結構更為合理，法律條文也更為簡練，大幅度地提高了古代刑律的整體技術水準。特別是自《曹魏律》開始，逐漸把西漢以來儒家化的法律成果直接納入法典之中，使得中國傳統刑蒙逐漸烙上了儒家文化的烙印。

## 《晉律》

《晉律》又稱《泰始律》，制定於西晉武帝泰始三年，並於次年頒行天下。因《晉律》曾經過當時著名的律學家張斐、杜預註釋，故又稱《張杜律》。《晉律是繼《曹魏律》以後又一部對中國傳統刑律的科學化作出重要貢獻的法典。它在《曹魏律》的基礎上，「蠲其苛穢，存其清約，事從中典，歸於益時」，即進一步加強了法律條文間的系統性和邏輯連繫，進一步簡省條文，減輕處刑幅度，顯現出「寬簡」而「周備」的特點。在內容上，《晉律》更加「嚴禮教之防」，第一次將服制列入法典之中，凡親屬相犯準照五服制度確定刑罰。同時，張斐、杜預二人對晉律的註解，集中了當時傳統律學的精華，對於後世封建立法的進一步完善和成熟作出了重要貢獻。

## 《北魏律》

《北魏律》是南北朝時期北朝北魏政權的基本法典，制定於孝文帝太和十九年，共二十篇。《北魏律》是在參酌漢、魏、晉諸律的基礎上經過多次編纂而成。在南北朝時期南朝諸國重視清談、輕視名法，對法律制度無甚創建的情況下，《北魏律》承漢魏晉諸律之衣缽，吸收前代法律文化之精華，開進一步「納禮入法」，擴大法律儒家化的成果，因而成為一部承前啟後的重要法典。

## 《北齊律》

《北齊律》是自《法經》以後、隋唐律之前的一部比較成熟的封建法典，於北齊天保元年開始始制定，至武成帝河清三年才告完成，前後長達十四年時間。《北齊律》是在總結以前各代定律經驗的基礎上制定的，在篇章結構上，確定為十二篇，並把晉代以來的「刑名」、法例」二篇合為名例一篇，作為整部法典的總則而置於全律之首。《北齊律》還確立了「重罪十條」制度和「杖、鞭、徒、流、死」的刑罰體系，成為隋《開皇律》的直接藍本，影響及於唐宋明清諸律。

## 《開皇律》

《開皇律》的制定始於隋文帝開皇元年，於開皇三年定型並頒行天下，共十二篇，五百條。《開皇律》參照《北齊律》修訂而成，是唐初立法的主要藍本，其中所確立的篇章、結構、規模以及「十惡」制度、「笞、杖、徒、流、死」刑罰體系等都為唐代立法所沿用。

## 《唐律疏議》

《唐律疏議》是中國歷史上最為成熟、也最具代表性的一部封建成文法典，《唐律疏議》也是中國現今完整保存下來的一部最早的古代刑律。《唐律疏議》是唐高宗永徽年間在修改唐初《武德德》、《貞觀律》的基礎上完成的，共十二篇，五百〇二條，於永徽四年頒行，原稱《永徽律疏》。《唐律疏議》在結構上採用律疏結合的形式，把法律條文與法律解釋有機地結合在一起，集中體現了中國古代發達的立法水準。在內容上，《唐律疏議》「禮法結合」，進一步把儒家的倫理教條與法律規範融合起來，全面體現了中國傳統文化的各種特徵。同時，它科條簡要，刑罰適中，其基本精神和主要制度也為後世各封建王朝所承襲，並對東南亞各封建國家的法律制度產生過重要影響，被認為是中華法系的代表性法典。

## 《宋刑統》

《宋刑統》全稱《宋建隆洋定刑統》，於宋太祖建隆四年頒行，是中國歷史上第一部刻板印刷的封建法典。《宋刑統》的編纂仿照晚唐《大中刑律統類》和五代後周時的《顯德刑統》，即在法典中除律文與疏議以外，還將相關的令、格、式、敕等形式的法規與律文編在一起，故稱為「刑統」。《宋刑統》共十二篇，兩百一十三門，律文、疏議五百〇二條，敕令格式一百七十七條，起請三十二條，其中律文的絕大部分承襲唐律而來。作為宋朝的基本法典，宋刑統也影響到遼國、金國及元朝的法律制度。

## 《大清律例》

《大清律例》完成於清乾隆五年，是清朝具有代表性的法典，也是中國歷史上最後一部封建刑律，其篇章結構近於明律，律文共四百三十六條，律後分別附有《大清律》

奏準的條例一千〇四十九條。《大清律例》較以前各代刑律更為嚴密周詳，體現出中國封建社會末期專制制度趨於強化的特徵。謀反指謀害皇帝、搶奪王位的行為。《庸律疏議》解釋說：「案《公羊傳》云：『君親無將，將而必誅』。謂將行逆心，而害於君父者，則必誅之。……然王者居宸極之至尊，奉上天之寶命，同二儀之覆載，作兆庶之父母。為子為臣，唯忠唯孝，乃敢包藏凶慝，將起逆心，規反天常，悖逆人理，故曰『謀反』。」安祿山像謀反行為在倫理上違反了「君為臣綱」的道德教條，在政治上危害著專制制度的核心和支柱——王權，因而自古以來即是各代刑律處罰的重點。「夷三族」、「具五刑」等酷刑罰即是秦漢時代針對「謀反」行為的極端處罰。在南北朝時期，謀反者，「同族無少長皆棄市」。在唐律中，「謀反」、「謀大逆」者，本人不分首從一律處斬，父子年十六以上處絞，年十五以下及兄弟、姊妹、母女、祖孫、妻妾、部曲、田宅資財一併沒入官府，伯叔父、兄弟之子不論是否別籍，皆流三千里。即使是「詞理不能動眾，威力不足率人」的「結謀真實，而不能為害者」，亦皆處斬，父子、母女、妻妾流三千里。「口陳欲反之言，心無真實之計，無狀可尋者」，也要流兩千里之外。在明清之際，對於謀反、謀大逆的行為處罰更重。依《大明律》和《大清律例》，謀反謀大逆者本參不分首從凌遲處死，親屬中十六歲以上的男子，如父子、祖孫、兄弟、伯叔父、兄弟之子等，不限籍之同異，不論是否殘疾，一律處斬，甚至異姓同居之人如外祖父、妻父、女婿等，亦處死刑。清代甚至規定十五歲以下、十一歲以上的男子也要閹割發往新疆為奴。在各代刑律中，對謀反謀大逆的處罰最重。

## 謀大逆

指蓄意危害皇室宗廟、皇帝祖先陵寢和皇宮建築物等行為。《唐律疏議》解釋說：「此條之人，干紀犯順，違道悖德，逆莫大焉，故曰『大逆』。」皇家宗廟、祖先陵寢和皇宮建築物直接與皇室的尊嚴、利益、氣運和安全相關，因此謀大逆的行為在嚴重程度上僅次於謀反行為。歷史上對謀大逆的處罰大體上與謀反罪是一致的。在唐朝以後的諸法典中，對於謀反謀大逆行為人本身的處罰是一樣的，僅謀大逆的親屬連坐者處罰稍輕而已。

## 謀叛

指背國從偽的叛敵行為。按《唐律疏議》的解釋，謀叛包括「謀背本朝，將投蕃國，或欲翻城從偽，或欲以地外奔」等行為。對於謀叛行為，唐律規定始謀未行者，為首處絞，為從者處流刑。若已施行，則不限首從一律處斬，妻、子流兩千里。若率部眾百人以上，父母、妻、子皆流三千里。亡命山澤，不從追喚者，以謀叛論絞。若抗拒官兵者，按已施行論斬。

## 惡逆

指毆打及謀殺祖父母、父母，殺害伯叔父母、姑、兄姊、外祖父母、夫、夫之祖父母、父母等行為。毆打謀殺祖父母、父母及夫等尊親屬者，逆天道、悖人倫，被認為是極惡的行為，也是儒家道德所最不能容的。《唐律疏議》即說：「父母之恩，昊天罔及。嗣續妣祖，承奉不轉。梟獍其心，愛敬同盡。五服至親，自相屠戮，窮惡盡逆，絕棄人理，故曰『惡逆』。」相傳梟為惡鳥，生而食母，獍為惡獸，生而食父。對於謀殺祖父母的禽獸行為，自然要給予最嚴厲的處罰。唐律中，謀殺期親以上尊長、外祖父母、夫、夫之祖父母、父母者，僅「謀」即處斬刑。明清兩代，此類犯罪毫無例外地處以凌遲極刑，即使在執行死刑前死亡，也要戮屍以示嚴懲。按唐以後各朝刑律，祖父母、父母、夫為人殺而私自與殺人者和解者，流兩千里。雖不私和，但期親以上被殺經三十日而不告者，也要相應處刑。不道與漢朝「不道」罪不同，唐以後「十惡」中的「不道」指殺一家非死罪之人及支解人的行為。《唐律疏議》解釋說：「安忍殘賊，背違正道，故曰『不道』。」按唐宋律規定，犯「不道罪」本人不分首從皆斬，妻、子亦流兩千里。

## 大不敬

「大不敬」是指觸犯和損害皇帝尊嚴的諸種行為。包括：資大祀神御之物及皇帝御用之物；盜及偽造皇帝印璽；合和御用藥物誤不如本方及封題誤；造御膳，誤犯食禁；製造御用舟船，誤不牢固；指斥皇帝，發言謗毀而情理切害；對皇帝使節無人臣之禮等。按唐律的規定，盜大祀神御祭品供品者，流兩千五百里；盜皇帝印璽者絞；偽造者斬；盜皇帝御用物品者，流兩千五百里。和合御藥有誤、造御膳有誤、造御用舟船有誤者，皆絞。此三者皆屬過失犯，若是故意犯之，則人「謀反」。指斥皇帝，言含誹謗者，處斬；對皇帝使節無人臣之禮者，絞。

## 不孝

「不孝」行為自古以來即是內涵最為豐富的倫理教條。商周時期，已有「元惡大憝，矧惟不孝不友」的規定。即使在崇尚法治、漠視人情的秦朝，也有對「不孝」罪的處罰規定。「十惡」中的「不孝」罪，主要包括以下內容：

控告祖父母、父母。儒家認為，親屬為一體，親屬之間有人犯罪應互相包庇容隱。子女對父母、祖父母尤應如此。《唐律疏議》中即說：「父為子天，有隱無犯。如有過失，理須爭諫，起敬起孝，無令陷罪。」因此對那些忘情棄禮而故告父母祖父母者，唐律規定處絞刑。明律和清律中，告祖父母、父母的行為稱「干名犯義」，處罰更重。

咒罵祖父母、父母。按儒家的觀點，子孫對祖父母、父母應「樂其心，不違其志」、「父母所愛亦愛之，父母所敬亦敬之」，恭謹伺服，才合孝道，若情有不嘛即惡言相向，則屬「不孝」。故而唐律規定凡詈罵祖父母、父母者處絞刑。

祖父母、父母在，子孫別籍、異財。指未經祖父母、父母同意而自行另立戶籍、分割家財的行為。《唐律疏議》說：「祖父母、父母在，子孫就養無方，出告反面，無自專之道。而有別籍、異財，情無至孝之心，名義以之俱淪，情節於茲並棄，稽之典禮，罪惡難容。」因而規定凡祖父母、父母在而另立戶籍、分異財產者，皆處徒刑三年。明清律杖一百下。

子孫於祖父母、父母供養有缺。儒家認為孝道的最低要求是供養父母。《禮記》中說：「孝於之養親也，樂其心，不違其志，以其飲食而終養之。」子孫若家道堪供而讓父母祖父母衣食不充，即是不孝。唐律中子孫於祖父母父母供養有缺者，徒二年。

服喪違制。按儒家的要求，子女對父母應「生，事之以禮；死，葬之以禮，祭之以禮」。生養死葬都是孝道的基本要求。傳統禮制對喪服制度作了許多具體的規定。傳統法律也規定了對各種違禮行為的處罰。按唐律規定，匿父母及夫等喪者流兩千里；喪制未終而釋服從吉及忘哀作樂者，徒三年；遇樂而聽及參與吉席者各杖一百下；居父母喪期間生子者，徒一年；居父母及夫喪而嫁娶者，徒三年；詐稱父母喪者，亦徒三年。

## 不睦

指謀殺及賣緦麻以上親毆打、控告丈夫及大功以上尊長、小功以上尊親屬等親屬相犯行為。按唐律，諸謀殺、鬥殺期親以下、緦麻以上尊長者，流兩千里。妻毆夫者，徒一年，重傷者加凡人鬥傷三等，至死者斬。妻告夫者雖所告屬實，亦得徒二年。告大功尊長者徒一到五年。

## 不義

指謀殺本屬府主、縣令、受業師；吏卒殺五品以上本部長官；聞夫喪匿不舉哀及作樂、釋服從吉、改嫁等行為。按唐律，凡謀殺本屬府主、刺史、縣令及吏卒謀殺本部五品以上長官者，流兩千里，已傷者絞，已殺者斬。妻子夫喪而違禮制，包括聞喪不舉哀、喪服未終釋服從吉等，一準於父母喪。

## 內亂

指親屬間的犯奸亂倫行為。包括奸小功以上親屬、奸父祖之妾及與之通姦者。在古代刑律中，親屬犯罪重奸不重盜。對於強姦親屬及與之通姦的行為，處罰重於常人。唐律中，諸奸父祖之妾、伯叔母、姑、姊妹、子孫之婦等處絞刑，奸小功以上其他親屬及親屬之妻者流兩千里，強姦者處絞。

# 律

中國歷代皇朝正式頒布的主要法典稱「律」，規定人們不準做什麼或必須如何做，否則的話就要處以刑罰。從今天的眼光來看，這是屬於刑法範疇的法典，造成的是懲治犯罪的作用。出於爭奪政治上正統地位的考慮，習慣上一般每個朝代開國之初總要公布一部律典，來樹立一面具有政治號召力的旗幟，造成安定人心、穩定政治局勢的作用，對於鞏固政治統治，有著積極意義。然而也要指出的是，這種立法在很大程度上是各皇朝爭取正統地位的政治策略，有時也有著就法律言法律、脫離社會實際的傾向。

一般都認為，中國歷代的律都是從戰國時魏國法家人物李悝的《法經》一脈相承發展而來的。《法經》大約出現在西元前四世紀末，是一部私人著述的法典藍本，早就已經亡佚了。據說它分為盜、賊、囚、捕、雜、具六篇，李悝曾說「王者之政莫急於盜賊」，因此將盜、賊兩篇置於《法經》之首，顯然《法經》是以刑法為主要內容的。其中的囚、捕兩篇或許有現代刑事訴訟審判方面法規的性質。最引起人們注意的是最後的「具」，據說其他五篇內容都是罪名，而這一篇「具其加減」，就是規定定罪量刑的總體規則，相當於現代刑法典的總則。在法典中設置總則，這是世界法制史上的一大創新，是歐洲的法典在十八世紀時還不曾做到的，足可見中國古代立法技巧之高超了。

據說後來商鞅攜《法經》自魏入秦，主持秦國的變法，即以《法經》作為秦國法律的立法基礎。商鞅把原來各國所稱的「法」改稱「律」，一九七五年在湖北雲夢睡虎地秦墓中發現了一百五十八條秦律的律文，以及一百九十條關於法律的問答解釋。從這些條文中可以發現當時的法律已經極其嚴密，已有幾十種篇章的名目。載有秦法律條文的秦簡以後劉邦建立漢朝，帝王將相大多數是秦朝的小吏，成長在「欲學法令者，以吏為師」的環境中，很自然的承襲秦朝法律。漢朝的法律主要由律和令兩大部分組成，以現在的眼光來看，可以說律是以刑法為主的、穩定的成文法規；令則是皇帝發布的詔令，可以說是具有各方面內容的單行法規，其中有關刑事方面的條文在發布該項詔令的皇帝死後往往就改稱為律。高級司法部門如廷尉所做出的典型判例（稱為「決事比」），也可援引裁判。漢律本身基本完全沿用秦律的內容，在湖北張家山漢墓出土的漢朝初年的律，與雲夢睡虎地秦墓出土的秦律風格、內容極其相似。據說蕭何曾對漢朝繼承的秦律進行過修訂，在原來《法經》的六篇外又增加了戶（戶口方面的犯罪）、興（軍事調動及後勤方面的犯罪）、廄（畜牧方面的犯罪）三篇作為漢律的主體部分，號為「九章律」。

東漢滅亡後，曹魏於西元二二九年公布了《新律》。曹魏的這次立法活動意義深遠。首先，它開創了開國之初就制定一整套法典的先例，為以後的各朝各代所繼承。其次，它開始明確律作為完整的、自成體系的、穩定的法典，與其他的各種法律形式不相混淆，在國家的法律體系中其有最高的地位。而令被作為規定國家各項制度的法規，不再直接和皇帝臨時發布的詔令關聯。再次，曹魏《新律》的編制體例有明顯的進步。《新律》共由十八篇組成，第一篇為「刑名」，由《法經》的「具法」、秦漢律中的具律改名擴充而成，集中規定全律定罪量刑的基本原則，相當於現代刑法典中的總則。過去具法在法經六篇之末，而具律夾雜於秦漢律各篇之中，地位不夠突出，《新律》把總則性質的「刑名」置於律首，強調總則對於全律的統率作用，是立法技術的一大進步。以下的各篇基本上都是按照主要罪名來編制的。

曹魏《新律》開創的法制改革在三十五年後得到進一步的發展。西元二六八年晉朝也頒行「新律」，歷史上一般稱之為「泰始律」。晉朝的律共有二十篇、六百二十條。晉律將曹魏《新律》的刑名改為刑名、法例兩篇，置於律首，集中規定全律的適用原則。為瞭解決漢朝時對法律的解釋出自各家影響司法的問題，在公布了晉律後，又將張裴、杜預對律條所作的註解尊為權威，司法部門可以援引這些註解來作出裁判。後來這些註解和律條合編在一起，一共有一千五百三十條，號為「張杜律」。

在西晉以後的歲月裡，與南北分治的政治形勢相一致，法律的發展也分為南北兩支。南方的東晉依然沿襲晉律，以後的劉宋、蕭齊儘管改換朝代，不過並沒有因此就改換法律，而是仍然沿用這套法律。五〇三年，在蕭衍奪取南方政權的第二年，他所建立的梁朝就公布了一部新的法典《梁律》，其篇章結構基本繼承晉律，但是條文要複雜得多，總共有二十卷、兩千五百二十九條。後來南陳取代南梁後也隨即公布了新的《陳律》，法典的篇幅繼續增加，達到了三十卷，但具體有多少條以及篇章結構都沒有記載。

和因循守舊的南方不同，北方的法律改革要頻繁得多，北魏及以後的北齊、北周都曾積極制定法典。北朝是由少數民族貴族建立的皇朝，這些皇朝的立法在很大程度上是出於吸引漢族士族階層支持少數民族皇朝、認同少數民族皇朝統治的政治需要，力求比南朝的法律更符合儒家禮教的要求。建立北魏的鮮卑拓跋族，在原來游牧於蒙古高原時期還沒有成文法，開始建立代國時仍然實行游牧民族的習慣法，殺傷、偷盜都以賠償馬牛了事，明顯具有游牧民族習慣法的特點。但自建立北魏皇朝入主中原後，統治者深感本族原有的習慣法無法統治廣大的漢族人民，因此在漢族世家大族的幫助下進行了五次大規模的立法，所制定的法律完全按照中原漢族的法律傳統以成文法典為主體。如北魏孝文帝極其重視法律，在位時期多次與臣下討論載有漢代法律內容的居延漢簡修訂法律，並親自執筆定律，他認為，當時的法律規定子女對父母不禮貌只判處髡刑，有悖於儒家禮教所說的「三千之罪，莫大於不孝」的說法，要求加重處罰。這次由他制定的《魏律》在四九一年頒行全國，共二十篇，八百三十二條，同時頒行的還有魏令。孝文帝主持制定的律令現在都已亡佚，不過從現存的若干條文來看，已經找不到一點鮮卑族的習慣法痕跡。

北朝分裂後，北齊和北周都試圖以正統思想號召漢族士族擁戴自己，所以立法都貫徹儒家精神。北齊正式建國後，經過長期的準備，於五六四年頒行了全新的律、令。《北齊律》的主要起草人是封述，封氏一族為河北大姓，先祖累世為西晉、前燕、後燕、北魏各代高官，封述本人長期擔任主管審判的大理寺卿，以精通律令制度而聞名。其他參加修律工作的官員中也有不少碩學大儒，對於歷代法律進行了充分的討論研究，史稱「校正古今，所增損十有七八」。因此《北齊律》結構緊湊，文字簡練，是南北朝時期最優秀的法典，成為隋唐立法的藍本。《北齊律》總共九百四十九條，由十二篇組成，第一篇為「名例」，是將晉律的刑名、法例兩篇合為一篇，規定全律定罪量刑的基本原則，恰似近代刑法典的總則（從此以後中國歷代的法典第一篇都為名例律）。以下各篇分別規定各類主要罪名及其刑罰，與近代刑法典的分則相當。在內容上，《北齊律》繼承了魏晉以來法律改革的成果，最具特色的是創立「重罪十條」制度，即將全律中被認為對統治秩序危害最大的罪名歸為十類，即：反逆、大逆、叛、降、惡逆、不道、不敬、不孝、不義、內亂，凡犯有這十類罪名的罪犯，一律不得在大赦時赦免罪行，官員貴族也不例外，而且還不得享受八議、贖免之類的特權。

與北齊對峙的北週一心想用西周繼承人的名義號令天下，北周皇朝的創始人宇文泰事事仿照儒家所傳承的周禮，制定法律也不例外。他命令主管審判的廷尉趙肅按照儒家經典《尚書》、《周禮》來起草法典。趙肅是素族出身，歷任的官職都是司法職務，實在無法將深奧迂闊的儒經和現行實用的法律捏和在一起，搞了幾年都沒有成功，憂愁交加，以至於得了心臟病，只得辭職，回家不久就死了。他的遺稿在經過進一步修訂後，於西元五六二年頒行。為了與儒經《尚書》中周公告誡臣民的《大誥》相當，稱為《大律》。《大律》共有二十五篇，一千五百三十七條。從現存的史籍記載來看，北周《大律》確實如史籍所評論的那樣「煩而不當」，今古雜糅，禮律凌亂。有的規定明顯是不可能實行的。比如，《大律》設定五種刑罰，每種五等，其中的流刑按照《周禮》的說法，從五百里到四千五百里分為五等，可是北周當時統治的只不過是關中地區，無論從東到西還是從南到北都沒有四千里，絕沒有把罪犯流放到四千五百里以外的可能。

由於當時這兩朝都是把立法當做政治策略來進行的，至於這些立法是否符合當時的社會實際、是否能夠切實實施，並不是當時的統治者所考慮的重點。這一時期統治者大多以武立國，統治秩序的維護主要是靠軍事武力手段，法律只是輔助性質的統治工具。在這樣的歷史背景之下，立法卻可以進行純法理的探討，不用顧忌法律的實施問題，按著法理完善法律的條文。所以從現存的北朝法律內容來看，幾乎找不到少數族統治及少數族習慣法的痕跡，完完全全是儒家正統禮教為主導、輔之以法家手段的「正宗」的中原傳統法律體系。可是正因為如此，這些輝煌的法典常常成了束之高閣的「書面法律」，對於少數族統治者來說只是裝點門面的擺設而已。

楊堅廢周建隋後的第三年就頒行《隋律》，史稱「開皇律」，十二篇篇名與《北齊律》完全相同，但是條文大大減少，總共只有五百條。而且一舉廢除了大量的鞭、梟首之類的酷刑，建立相當輕簡的新的「五刑」刑罰體系。還將《北齊律》的「重罪十條」進一步發展為「十惡」，完善對於綱常倫理的保護。不過隋文帝楊堅沿襲了北朝統治者的傳統，希望以這部優秀的法典來號召南方的世家大族，因此主要是將自己定的法律當做政治手段，並不打算讓自己的行為受到一點點約束。在他統治時期經常隨心所欲地發布很多殘酷的單行刑事法，或者是拋開法律任意判處刑罰。比如他在法律中廢除鞭刑，說是鞭刑給人造成的痛苦要比拿刀子「臠割」更甚，可是他自己卻喜歡在殿堂上責打大臣，不是用拇指粗的大棒就是用馬鞭，經常將人活活打死。他在法律中規定對於盜竊罪不處死刑，可是在公布了法律後他就認為天下的盜賊太多，下令哪怕只偷盜了一個銅錢也要處死刑。他的兒子隋煬帝楊廣更將老爸的這種做法發揮到登峰造極的水準，另外製定了一部更加寬大、更加簡約的法典，史稱「大業律」，可是他所施行的統治卻是歷史上最為殘暴的，比如在楊玄感起兵被鎮壓後，他下令將當地百姓全部殺死。還說天下之所以有人作亂，主要是因為人太多了。

唐朝在隋末混戰中脫穎而出，重新建立穩定的皇朝統治。唐初的統治者認真吸取了隋朝的歷史教訓，幾次慎重制定法典，都以隋文帝的「開皇律」為藍本，但是並不像隋文帝那樣任意破壞法律。其中唐高宗在唐太宗時期法典基礎上制定「永徽律」及其法定解釋「永徽律疏」（兩者在後世被合稱為《唐律疏議》），完整保留到了現代。這部法典在六五三年公布，號稱五百條（實際五百〇二條），分為十二篇：名例（相當於刑法總則）、衛禁（有關觸犯宮廷和國家邊關城池警衛制度的犯罪）、職制（有關觸犯官職制度的犯罪）、戶婚（有關觸犯戶口婚姻制度的犯罪）、廄庫（有關觸犯國家畜牧及倉庫管理制度的犯罪）、擅興（有關觸犯軍隊調動、工程興建制度的犯罪）、賊盜（有關政治性的、人命以及強盜、竊盜方面的犯罪）、鬥訟（有關鬥毆傷害以及訴訟方面的犯罪）、詐偽（有關欺詐和偽造的犯罪）、雜律（以上不能包括的各類犯罪）、捕亡（有關逮捕人犯方面的犯罪）、斷獄（有關觸犯審判制度方面的犯罪）。

《唐律》結構完整，邏輯嚴密，用語精確，是世界古代法制史上的傑作。歷經唐末的戰亂後，宋朝仍然完全沿用《唐律疏議》作為自己法典的基礎，並進行若干增補，合編為一部新的法典，於九六二年頒布，並且刻版發行。這是世界歷史上第一部刻版印刷的法典。這部史稱《宋刑統》的法典在兩宋時期一直是基本法典。另外宋朝的歷代皇帝臨時發布的有關刑事方面的「敕」在經過一定時間後，加以系統整編號為「編敕」，也同樣造成法典的作用。

與宋皇朝先後對峙的遼、西夏、金、元這四個少數民族皇朝，一般都以習慣法規範本民族，而以公布的漢字記載的法典來統治漢族人民，為此曾先後頒布內容形式都接近於中原皇朝傳統的法典。一〇三六年契丹族遼朝公布的法典《重熙新定條制》，較少受到《唐律》的影響。西夏大約在一一四九年至一一六九年年間頒布了《天盛改舊新定律令》，也是刑法為主的法典，二十卷、一百五十門、一千四百六十三條，但與唐律沒有直接的淵源關係。女真族的金朝在一二〇一年公布的《泰和律》，篇目與《唐律》相同，總共五百六十三條，其中刪除了四十七條《唐律》，對兩百八十二條原來《唐律》的條文進行了修改，一百二十六條維持原樣，增加了《唐律》所沒有的四十九條，並對原來幾條《唐律》的條文進行了分割，顯然是《唐律》的翻版。

在中國法制史上較為特殊的是元朝的法律。一二七一年元朝建立的當年就宣布廢除原來金朝的《泰和律》，但並沒有立即頒布傳統意義上的法典。先後頒行的《至元條格》、《風憲宏綱》、《大元通制》等大多是皇帝發布的「條格」和「斷例」的彙編。

在元末農民大起義後奪得皇位的朱元璋在建立明朝後，接受左丞相李善長的建議，決定仿照《唐律》來制定明朝的法典。朱元璋還曾要人將《唐律》抄寫成大字條幅掛在宮殿裡，每次上朝後，就招集儒臣和刑部官員為自己逐條講解《唐律》，討論如何按照《唐律》來制定新的律典。經過幾年的討論消化，一三七四年頒布一部法典，從史籍記載中可以知道其篇目和唐律完全一樣，也是十二篇，總共有六百〇六條。以後一三九七年明太祖又正式頒行《大明律》，下令他的子子孫孫必須嚴格遵守這部律典，以後若有大臣建議修改這部律典的，就要按照「變亂祖制」的罪名處罰。這部不準再加修改、一直沿用到明朝滅亡的律典一共有三十卷、四百六十條。《大明律》編制體例和前代律典不同，《名例律》以下按照吏、戶、禮、兵、刑、工六部分篇，律下又按事項分成三十門類。《大明律》的條文數目雖然少於《唐律》，但實際上律條的內容往往比《唐律》條文複雜，有的一條概括了《唐律》四五條內容，而且有三分之一以上的條文是《唐律》所沒有的內容（其中約有一半是明朝創設的）。

清朝入關後有意識地沿用明朝法律制度，清世祖所謂：「明太祖立法可垂永久，歷代之君皆不及也。」因此將《大明律》翻譯為滿文後再加上一些明中期以後公布的條例以及司法部門習慣採納的法律解釋，就變為《大清律》。乾隆帝於一七四〇年公布了《大清律例》，保留了幾乎全部的明律條文，共有四百三十六條律條，一千〇九條條例。以後的修訂只增補條例，律條本身不再改動。這部法典一直沿用到清末的一九一〇年才告結束。

## 令

中國歷代皇朝將不直接規定刑罰的、制度性的法律稱之為「令」以及其他的一些名目。「令」為「領」的本字，原指人的脖頸，派生出「引導」、「帶領」、「指揮」等字義。這種法律具有正面引導的意義，具體要求人們應該如何去做、或者不怎麼做。由於歷代都高度重視定罪量刑的「律」，而且歷代「律」變化不大，保留至今的「律」還有不少。而「令」過於瑣碎，條文繁雜，每到改朝換代，官職制度一變，「令」就要大改，因此完整保留至今的只有《大明令》，而這部《大明令》卻並非典型的「令」。

在秦朝的法律中已經有稱之為「式」的部分，具體規定政府部門的工作程序。而皇帝發布的「詔令」，也包含有相當多的制度方面的法規。漢代沿襲這些制度，律和令之間並沒有明確的區分。到曹魏制定《新律》時已開始有意識地將一些制度性的法律編為《州郡令》、《尚書官令》、《軍中令》等等以「令」為名的法規。而將近四十年後西晉開始立法時就明確了「律以正罪名，令以存事制」的原則，將所有定罪量刑的法律都歸納於「律」，而將一些「太平當除」的臨時性法規，以及「施行制度、以此設教」的積極性、正面性的法規編入令典。二六八年與《泰始律》同時頒布的《晉令》共四十卷、兩千三百〇六條，分為三十二篇。篇目主要按照官府行政事項以及職官機構兩方面來編制。

編令的傳統後來被南北朝的各個皇朝繼承。比如南梁在五〇三年和《梁律》同時公布了《梁令》，共有三十卷、二十八篇。南陳繼續編制令典，也是三十卷，其篇目估計和南梁相同。北魏時期多次立法，律令往往並不同時一起制定，因此遭到批評，大臣孫紹稱「律令相須」，只有律而不頒布令，「臣下執事，何依而行？」可見當時令已是政府機構必備的制度。但北魏的令典幾乎都已亡佚。北齊在五六四年制定了篇幅達四十卷之多的令典，其編制方法與晉以來的慣例不同，完全按照朝廷的尚書二十四曹機構名稱來進行編制，共二十四篇、四十卷，還把一些被認為不宜於作為「定法」的法律編為「權令」。

隋唐兩朝都進行了大規模的令典編纂。唐朝前後十多次修訂令，據《大唐六典》的記載，唐令的篇目總共有二十七篇、三十卷、一千五百四十六條，基本結構和晉令相似，其中絕大多數是各級政府的事務規範。也有一些社會生活制度，比如喪葬令規定怎樣身分的人可以建造怎樣規格的墳墓，雜令有市場買賣的一些基本制度，捕亡令有關於拾得遺失物的處理辦法等等。另外唐朝還頻繁修訂「式」，基本按照朝廷各部門分篇，共有三十三篇，具體規定各部門的行政事務規則。令和式也是有強制力的，《唐律》專門設置「違令罪」和「別式罪」，前者處笞五十，後者處笞四十。另外，唐玄宗時曾經要求大臣按照儒經《周禮》的形式，以理典、教典、禮典、政典、刑典、事典的「六典」來彙編唐朝的法規以及典章制度，後來在七三八年實際編成時，是按照唐朝朝廷各個部門分別編輯的有關的法規制度，仍然名為《大唐六典》。這種編輯形式對於後世有很大影響。

兩宋時期也仍然頻繁編令，現存的一〇二九年修撰的《天聖令》原書共三十卷，分二十一篇，約一千五百條。保留至今的篇名有田令、賦役令、倉庫令、廄牧令、關市令（附《捕亡令》）、醫疾令（附「假寧令」）、獄官令、營繕令、喪葬令、雜令。另外宋朝也編有「式」以及「格」，後者是有關官府設置的各類標準。

少數民族皇朝在入主中原後也採用了令的法律形式。金朝建立起與漢族皇朝一致的法律體系，在頒布《泰和律》的同時，頒布《泰和令》，共二十卷、三十篇、七百餘條；以及《六部格式》三十卷。但西夏頒布的《天盛改舊新定律令》雖然有「令」名，實際上卻相當於律。元朝習慣於將有關官府種種政務的法律通通彙編在一起，將刑事方面的法律也和一些「令」以及相關的法律編在一起。

朱元璋在南京建立政權之初，採用元朝的法律體系來制定律、令，都按照朝廷六部分篇，其中的「刑令」具有刑法總則的性質。正式建立明朝後，這部令就稱為《大明令》。這部令典是唯一一部完整保存到今天的古代令典，也是中國法制史上最後一部以令為名的法典。但是其性質卻和唐、宋的令典有所不同，並不完全是積極性規範。在頒布《大明律》後，《大明令》有關刑法總則性質的條文大多失去了效力，但其他部分的條文仍然有效。

明朝仍然有大量以單行法規形式制定的制度性法律。明中期開始將所有的法律按照朝廷部門彙編為《大明會典》，一五一一年正式頒布。會典按照各個職官機構的職責以及制定的先後彙編有關的各類法令制度，其中的刑部項下還收錄了《大明律》以及刑事條例和有關的制度。以後嘉靖、萬曆朝又曾再度編纂會典。

清朝是一個善於編訂法律的朝代，先後五編會典。一六八四年編成第一部會典一百六十二卷，採取「以官統事，以事隸官」的編纂方式，按照朝廷各部門的分工而分類，具體規定各機構的職掌、職官、辦事細則等。以後在雍正、乾隆、嘉慶、光緒年間又分別修訂了會典，統稱為《大清會典》。另外又編訂「則例」，即由中央政府各部門就本部門的行政事務編制、交由皇帝批准生效的單行法規。根據調整範圍的不同，則例可分各部門則例和關於特定事務的則例兩大類。清朝幾乎每個中央主要部門都編有則例，因為則例與會典性質不同，自《乾隆會典》起，將則例與會典分立，形成「以典為綱，以則例為目」的關係。到最後的《光緒會典》，有正文一百卷，事例一千兩二十卷，附圖兩百七十卷。

## 敕

漢武帝時為了加強君主專制中央集權，有意識任用一些酷吏來擔任司法官員。有個著名的酷吏杜周當了主管司法的廷尉，在審理案件時，揣摩被告是皇帝打算排擠的人，就有意羅織罪名，判處重刑；被告是皇帝打算寬大的人，就故意長期關押不做處理，等到時間長了就向皇帝報告請求平反。有人看不慣他這樣，責問他說：「作為廷尉要為天下主持公平，但你卻不按照法律辦案，專門以皇帝的意思來審判，辦案難道應該是這樣的嗎？」杜周回答說：「法律是哪裡來的？以前的皇帝宣布的就是『律』，現在的皇帝宣布的就是『令』，只要有現在皇帝的指示就可以了，有什麼要一直遵照的法律！」杜周為此得到漢武帝的欣賞，交給他辦很多「詔獄」（皇帝交辦的案件），單是「二千石」官員的案件就有近百件，每年還有各地地上報的千餘件疑難案件。杜周辦案都用酷刑逼供，被牽連入案的人竟然有十多萬人。他自己連連升官，一直升到御史大夫，位極人臣。

杜周的話是一種狡辯，但其中說到「律」和「令」的關係，確實是秦、漢時期法律的情況。當時的「令」是指皇帝的詔令，正式發布的令是一種單行法規，具有法律效力。如果在皇帝死後他所發布的某某令依舊被認為有效時，該令就會被改稱某某律，具有正式的、永久的、普遍的效力。因此律、令並稱，有同樣的法律效力。不過皇帝一般的指示「詔」並不是令，必須是明確規定要將這一指示「著為令」的，才可以由有關的大臣進行整理、提出具體條文，經皇帝批准發布為令。所以杜周所說的只要皇帝有指示就可以用來辦案的，是不符合當時慣例的。

歷代統治者都知道，社會實際情況是不斷變化的，為實現統治，需要經常修改法律。但是和現代不同的是，老皇帝制定的法律被認為是「祖制」，從倫常的角度講後代是不可以改變祖先法律的。所以後來的皇帝只好採用發布大量單行法規的辦法來補充法律。秦漢時是以皇帝發布的令來補充律，曹魏以後「令」成為制度性法典的名稱，皇帝發布的正式指示被稱之為「敕」，在一般情況下並不直接就成為單行法規。比如《唐律》明確規定，皇帝發布的敕只具有特定的、臨時的效力，各級官員必須按照敕的指示行事，但是在事後不得援引敕來處理類似的事情，如果法官直接援引敕來裁判案件，就犯下了要判處兩年徒刑的罪行。皇帝的這種臨時處分性質的敕在經過一段時間的累租盾，由刑部上奏皇帝，將敕整編為單行法規的草案，請求皇帝批准發布為「格」（或者稱「永格」）。敕只有轉化為這種「格」，才具有了普遍的、永久的法律效力，成為可以補充律的、與律並行的、正式的單行法規。

唐中期以後，整編格的情況逐漸減少，在編格以後皇帝又發布的規範性的指示被移為「格後長行敕」，直接就具有單行法規的效力。唐末這種情況越來越常見，於是「敕」一經發布就成為單行法規。這後來就影響了宋朝，法律體系中「敕」具有了頭等的重要性。宋神宗曾明確說過法律體系為敕、令、格、式。敕經過累積後就按部門編訂為「編敕」，具有法典性質。

不過值得注意的是這種「敕」並不是皇帝一個人的意志表示，唐朝時的「敕」都是要經過中書省起草、皇帝過目，再經門下省覆核（如果有異議可以封還）蓋章的程序。兩宋時的「敕」制定程序有所簡化，但仍然是要由中書舍人起草、宰相覆核、皇帝批准的程序。皇帝直接下達的指令稱為「御筆」，並不直接具有法律效力。只有宋徽宗統治後期，經常發布「御筆」干預司法審判，遭到司法部門的抵制，宋徽宗為此大怒，一一〇六年特意下達詔旨說：「出令制法，重輕予奪的權力是由皇帝來掌握的，而近來下達的『特旨處分』，被司法部門引用敕令，認為是妨礙司法，阻止不準施行。這是以司法部門應該遵守的規則來阻撓皇帝的意志。擅自殺生才叫王，能夠利人害人的才叫王，有什麼法令可以阻擋？」於是規定凡有「御筆」處分的，不準依照現有法律來阻止，否則的話就要算作「大不恭」（即大不敬）罪。第二年又規定凡「御筆」斷罪的，不許到尚書省喊冤。但是即使是這種「御筆」，實際上仍然是由蔡京等宋徽宗的親信起草的。一一二七年宋徽宗被迫讓位給自己的兒子，大臣立即建議廢除「御筆」斷罪制度。

金元以後逐漸將皇帝發布的這種單行法規統稱為「條格」或者「例」，明朝將列有幾條的「例」稱為「條例」。明朝初年明太祖朱元璋曾經明確表示：律是永久有效的「常經」，而條例只是「一時之權宜」。在這一原則，明朝前期歷朝的慣例是，每當新皇帝即位，就宣布前朝發布的所有條例一律作廢，裁判只準援引《大明律》。經過一百多年後，《大明律》顯然已很難符合變化相當大的社會情況，一五〇〇年經明孝宗指令，朝臣仔細審核歷代的條例，整編出兩百九十七條，編訂為《問刑條例》，被明孝宗批准發布，並且規定以後不得廢除，與律並行，永久有效。以後經過兩次修訂，到明末《問刑條例》已經有三百八十二條，許多基層司法部門為了檢索方便，將《問刑條例》與《大明律》合編，形成律例合體的法典。

清朝也繼承了明末的傳統，律例合編為法典。一七四〇年頒布《大清律例》的同時，曾規定每五年修訂一次條例，將皇帝在五年內發布的條例分門別類地編入這部法典。不過這種嚴格的制度後來沒有堅持下去。由於每條臨時制定公布的條例一般都直接具有永久和普遍的效力，所以逐步造成條例膨脹的情況，到一八七〇年已有一千八百九十二條。另外皇帝所做的政務決定自動成為「事例」，官府可以參照施行，按照部門彙編這種「事例」就成為本部門的「則例」，具有永久的效力，但有關定罪量刑方面的「事例」必須要經過正式定為條例後才可以在裁判中加以援引。

## 五刑

西元前一六七年，漢朝在齊國的一個看守太倉的官員淳于意犯了罪，應當受刑罰，被逮捕送到長安進行審判。淳于意沒有兒子，只有五個女兒，當被逮捕準備上路的時候，他罵道：「只怪我只生女兒不生兒子，遇到急難的事沒有用處。」他的十五歲的小女兒淳于緹縈聽後，很是悲哀，決心要為父親去喊冤。於是她跟在父親的囚車後面來到了長安，向漢文帝寫了一封申訴書。這份申訴書中說：「小女子的父親是個小官，在齊國為官時，人們都稱讚他辦事廉潔公正。現在偶然觸犯了法律要被處判。我所憂傷的是被處死的人不能再生，受過肉刑的人身不能再恢復原狀，就是以後想要改過自新，也失去了改過的途徑。小女子情願沒入官府為奴婢，來贖換父親要受的肉刑，使父親可以得到重新做人的機會。」

漢文帝看了她的申訴很受感動，為此下詔：「我聽說在古代聖王虞舜的時代，在罪犯衣帽上畫某種圖像，或給罪犯穿上與常人不同式樣和顏色的衣服，就表示處以某種刑罰，而老百姓很少有犯罪的，這是何等崇高的政治清明境界啊。現在法律有黥、劓、斬左右趾三種肉刑，然而犯罪卻並不因此而減少，這罪過的責任在哪裡？難道不是因為我的恩德淺薄，而且教化不明嗎？我自己覺得非常慚愧。正是教化不明而使無知的百姓陷於法網。《詩經》中說：『和樂而平易近人的國君，百姓把他當成父母。』當今百姓有過錯，還沒有對他進行教化就濫施刑罰；即使罪犯以後想改行為善，卻沒有重新做人的機會，我非常憐憫他們。刑罰重到截斷人肢體、深刻人肌膚，終身不能消除的地步，這是多麼的慘痛而不道德啊！這難道是『為民父母』的意思嗎？應該廢除肉刑，用別的律條來代替它；下令規定以罪行輕重判刑，在服刑期內不逃亡的，期滿後釋放為平民。把這些意思具體擬訂為法令。」

接到漢文帝的指令後，丞相張倉、御史大夫馮敬擬訂了法令條文，上奏說：「肉刑是用來禁止奸人的，已經由來很久了。陛下下達聖明的詔書，憐憫百姓萬一犯了罪一受刑罰就終身受苦，打算改行為善也失去了途徑，這是出於陛下的盛德，是臣等所不及。臣等謹慎討論後請定律：改黥刑為髡鉗城旦舂（剃光男性罪人的頭髮鬍鬚、脖子上戴一個鐵鉗，修建長城；女犯為國家舂米）五年，改劓刑為笞（竹板責打）三百，改斬左趾刑為笞五百。其他如犯斬右趾、殺人而自首、官吏貪贓枉法等罪名，在裁判確定後又犯笞刑以上之罪者，皆棄市處死。判處完（保全罪人的頭髮鬍鬚）城旦舂的，三年後轉鬼薪白粲（男犯從事伐木、女犯從事糧食加工）一年、再轉隸臣妾（官府雜役）一年，即可釋放為民（總共五年）；判處鬼薪白粲的，三年後轉隸臣妾一年，即可釋放為民（總共四年）；判處隸臣妾的，二年後轉司寇（在邊境外巡查警戒）一年，然後可以釋放為民（總共三年）；判處司寇的，二年後可以直接釋放為民；判處髡鉗城旦舂的，在一年後轉為完城旦舂，以後按照完城旦舂處理（總共六年）。臣等昧死請求皇帝批准。」漢文帝隨即下詔批准。

這就是中國歷史上著名的「漢文帝廢肉刑」的刑罰改革。所謂「肉刑」就是對罪人的身體造成永久性的、不可恢復的傷害，現在一般叫殘害刑。這或許是出自遠古「以牙還牙、以眼還眼」的同態復仇習俗，也有可能是出自對於戰爭俘虜或奴隸的一種防止脫逃及馴化的手段。中國古代的肉刑習稱「五刑」，據說是指「墨」（也稱「黥」，毀容），「劓」（割鼻），「刖」（或又稱「剕」、「臏」，砍腳，後來又分為斬左趾、斬右趾兩種），「宮」（毀壞性功能），「大辟」（砍頭）。此外還有斷手、割耳（刵）等等。另外據說商紂王暴虐無道，有「炮烙」之刑，將罪人放在銅烙上烘烤。又有「醢」（將罪人剁為肉醬）、「脯」（將罪人曬為人乾）等等酷刑。春秋戰國時代的酷刑更多，見諸史籍的有「磔」（或稱車裂，將罪人碎屍，或將罪人處死張屍於樹，讓鳥獸啄食）、「烹」（把罪人扔入開水鍋中煮爛）、「梟首」（把罪人腦袋砍下後掛於高處）等等。

秦朝的法定死刑刑罰沿襲了上述的磔、梟首，以及砍頭（在市場上將罪犯砍頭，稱「棄市」）、腰斬，最殘酷的算是「具五刑」，就是先將罪人處以肉刑，再笞打致死後斬首。勸秦始皇下焚書令的李斯，後來就是被具五刑處死的。還有黥、劓、斬左趾、斬右趾、宮刑等肉刑。不那麼殘酷的刑罰有髡（髡，剃光罪人的頭髮、鬍子）、耐（僅剃去罪人的鬍子和鬢角），這在當時也算是很嚴重的刑罰，因為華夏民族普遍相信身體髮膚是受之父母的，被無故破壞就是不孝，不能得到祖先的原諒。大多數被判處了肉刑和髡、耐刑的罪人還都要為朝廷服終身苦役，不是修建長城，就是伐木舂米，或者給官府打雜。如果保留罪人毛髮的，就叫做「完」，還是要去服苦役。輕微的罪過可以僅僅用竹板責打一頓，叫做「笞」；或者是罰出一筆錢財，叫做「貲」。

至少到商周的時候肉刑已經是法定的主要刑罰種類，戰國秦漢時使用也很普遍，但也就是在戰國時就出現了對於肉刑的批評。有的著作稱肉刑不是中原華夏族固有的刑罰，是黃帝在戰勝蚩尤後，以其人之道還治其人之身，特意以有苗族的肉刑來處治有苗族的反叛者。又有說法以為遠古雖有肉刑，但實際上並不施行，而是施行「象刑」，比如給犯人戴上一頂黑頭巾，就算是施用了墨刑；給犯人穿上一件紅衣服，就算是施用了劓刑；膝蓋處綁上一塊黑布，就算是施用了刖刑；給犯人穿不同的鞋子，就算是施用了宮刑；讓犯人穿沒有衣領的衣服，就算是施用了大辟等等。無論這是否是史實，至少說明對於肉刑及死刑殘酷性表示不滿的思想正在形成。當秦皇朝濫施酷刑，「截鼻盈車，斷足塞河」仍未能阻止農民起義的爆發後，肉刑的威懾力也被打上了大問號。漢文帝即位後推行「與民休息」的政策，千方百計緩和社會矛盾，即位當年（前一七九）就宣布廢除「夷三族」（殺死罪人全部近親屬）以及「收孥」（將罪犯女性親屬收為官奴婢）的刑罰。這次因淳于緹縈的上書，乘機宣布廢除肉刑（在這之前已經廢除了宮刑），並且確定罪人的苦役刑期，刑滿後可以釋放，讓罪人改過自新。

由於漢文帝的這次改革存在一些弊病（比如改肉刑為笞刑的數目太多，往往罪犯已被打死，還沒有打夠數目），因此後來他的兒子漢景帝進一步改革：先後兩次減少笞刑的數目，斬左趾的笞五百下減為兩百下，劓刑的笞三百下減為一百下。漢景帝還頒布《箠令》，具體規定了執行笞刑的刑具尺寸、重量、規格，並且規定只能由一個人行刑，不準中途換人，這樣才使得受刑人得以保全性命。景帝還廢除了磔刑，改為棄市。並且規定被判死刑者可以選擇改為執行宮刑，將宮刑作為死刑的代替刑罰。

漢文帝、景帝的刑罰改革對於中國法制史的發展產生了極其深遠的影響。這次改革一舉廢除了這些古老的殘害刑，而且明確刑罰的目的應該是使罪人能夠「改過自新」，當時世界其他國家普遍認為刑罰是一種社會對於罪人的報復，或僅僅是一種威嚇手段，而漢文帝已經能夠接受這種教育刑的觀念，確實是超前的進步。從此以後，除了短暫的幾個插曲外，歷代再也沒有將肉刑作為一種法定刑載入法律。唯一的例外是墨刑後來以刺字刑的形式保留了下來，作為對於部分罪名罪犯的附加刑。宋代將重罪罪犯刺字後配軍籍。元朝則對侵犯財產罪的罪犯附加刺字，初犯刺左臂，再犯刺右臂，三犯刺項（脖子後部）。明清沿襲了元朝的制度，到了清末才對部分重罪罪犯在面部刺字。

漢以後各個朝代仍然陸續改革刑罰體系。五八三年隋文帝公布的《開皇律》再次大大改進了刑罰體系，「五刑」一共分為二十等，後來又被唐律繼承並略加改進。「笞刑」，是以三尺五吋長、大頭直徑兩分、小頭直徑一分五厘的荊條責打罪人的臀、腿，十下到五十下，每十下一等，分為五等。「杖刑」，用同長的、大頭直徑兩分七厘，小頭直徑一分七厘的荊條責打罪人的背、腿、臀，自六十下到一百下，也是十下一等，分為五等。「徒刑」，是將罪人關押在本地監獄，為清代對女犯處絞刑情形當地官府服役勞作一年至三年，每半年為一等，共分為五等。「流刑」，是將罪人流放到距離家鄉遙遠的地區並為官府服役一年，自流二千里至流三千里，分為二千里、二千五百里、三千里三等。「死刑」，分為斬、絞二等，斬為砍頭，絞則是用木棍逐漸絞緊套在死囚脖子上的繩圈，使其窒息斃命的處刑方式。由於斷首被認為是破壞了父母遺下的身體，即使一死仍然是為不孝之舉，所以能夠保全身體的絞刑比斬刑輕一等。

當需要按照犯罪情節或者是雙方的社會地位、血緣等級關係而加重或減輕處罰時，就按照這二十等進行加減，或者加等，或者減等。不過唐以後的法律都規定，除非是法律條文本身規定可以一直加重到死刑的罪名以外，其他的罪名「加不至死」，最重只能加到流三千里；相反，當按照情節或社會、血緣等級關係可以減輕刑罰時，「二死三流同為一減」，即從斬首減一等就直接減為流三千里，而流三千里要減一等的話就直接減為徒三年。

隋唐所定的五刑以後被歷代法律定為「正刑」，基本體系不再改動，但在一些細節上有所修訂，比如金元兩朝以後凡徒刑、流刑都一律要附加杖刑，「三流」都要附加杖一百，「五徒」從杖六十逐次累加至杖一百。清朝開始將笞刑改為小竹板，五等數目減為四下到二十下；杖刑改為大竹板，五等責打數目從二十下到四十下。另外，斬、絞死刑也按照是否需要秋後處決而分為「斬立決」、「絞立決」、「斬監候」、「絞監候」四種。

在這以外的刑罰是「閏刑」（正式刑罰之外的刑罰），比如上文提到的刺字刑。還有從宋朝開始納入法定刑種的「凌遲」，這是用快刀碎割罪人的身體，原來寫作「陵遲」，意為一個平緩的斜坡，寓意使罪人緩慢而痛苦的死去。俗稱「剮」，「千刀萬剮」。元朝時處凌遲的罪名有九條，明律加至十三條，清律例又加至二十二條，這些都是謀反大逆、惡逆、不道之類的重大犯罪。「梟首」是在晚清又恢復使用的酷刑，道光年間開始用於「江洋大盜」，後來適用面擴大到「響馬」、「道路、埠頭行劫」等罪名。「戮屍」是對已死的罪犯屍體進行斬首示眾，也是清朝入關後經常使用的酷刑。另外使用很普遍的刑罰是明朝開始的「充軍」，使罪人終身服兵役，有的要世代傳承兵役（清朝的充軍不是當兵）。清朝另有一種將罪人「發遣」到邊境地區「與披甲人為奴」的刑罰。

不那麼可怕的五刑外的刑罰是讓罪人戴枷示眾。唐朝已經用「枷項令眾」來處罰輕罪罪犯，宋代改稱「枷號」。元明清的法律都大量使用枷號刑，小偷小摸、輕微傷害、有傷風化等等，都可以適用。枷號使用的木枷一般為十五斤重的方枷，木枷中央有一個頸孔，用來夾住罪人的脖子。習慣上是將罪犯枷號在衙門門首示眾，如《水滸傳》裡說插翅虎雷橫就是被枷號在縣衙門首示眾的，而有的地方官還特意規定將罪犯每天輪流枷號一個地方示眾，今天在衙門門首，明天換到東門，後天換到北門，以後依次換到南門、西門。枷號的時間一般為一個月，最長的有枷號一年的。

從漢文帝開始的刑罰體系的改革，使得中國在很長的一個歷史時期中，法律所規定的刑罰制度是世界上最文明、最人道的，至少要比同時期的歐洲法律中的刑罰制度文明得多、人道得多。美國人寫的《劍橋中國晚清史》也承認，在鴉片戰爭爆發前夕，「與當時西方的觀點相反，中國法律是非常符合人道的」。但是到了十九世紀中葉，當地球另一邊的歐美國家進行法律改革，法律走向進步文明的時候，中國卻因為清皇朝日趨腐朽沒落，不得不濫用酷刑以圖維持統治，使得傳統法律落後性及野蠻性的一面更顯得突出，遭到普遍的批評也就不足為奇了。不過值得注意的是，西方列強在中國攫取領事裁判權是其企圖侵略、控制中國的本性決定的，所謂中國法律的殘酷性不過是他們的藉口而已。

## 「三赦」

湖北雲夢睡虎地出土的秦墓竹簡中的「法律答問」有一條很有意思，問的內容是：甲身高不足六尺，放牧一匹自家的馬，現在馬被別人放跑，吃了別家的一石莊稼，該當何論？回答是：「不當論。其償稼。」沒有必要定罪，但是應該要其賠償莊稼。另外一條問的是：甲偷了別人的一頭牛，偷牛的時候身高六尺，關押一年後定罪時，再丈量他的身高已經達到六尺七寸，問甲應該如何處理？回答是「當完城旦」，要將甲判處「城旦」刑，罰去築長城，但保留他的鬚髮。顯然這裡身高是具有法律意義的。秦六尺約合今一百三十八公分，六尺七寸，約合今一百五十四公分。古時一般認為男子十五歲身高六尺，而成年男子的標準身高被認為是七尺。從以上兩條問答以及其他的秦簡和史籍記載來看，秦時法律是將男子身高六尺五寸、女子身高六尺二寸視為成年人（大約在十六七歲左右），達到此身高者犯罪就要接受刑罰處罰，即具有刑事責任能力，就開始負刑事責任，否則可以不負刑事責任。

以身高來確定行為人是否要負刑事責任，或許是當時還沒有普遍推行戶籍制度的緣故。按照儒家經典《禮記．曲禮》的說法，早在西周的時候就有按照行為人年齡來決定是否處以刑罰的制度：「七十曰老，八十、九十曰耄，七年曰悼。悼與耄，雖有罪，不加刑。」也就是說七歲以下、八十歲、九十歲以上的人犯罪，不處以刑罰。另外，儒家經典《周禮．秋官．司刺》還有「三赦」的說法：「一赦曰幼弱，再赦曰老旄，三赦曰蠢愚。」幼弱就是小孩子，老旄就是老年人，而所謂「蠢愚」，是指天生的痴呆與精神病人。這三種人犯罪，應該予以赦免，不能進行處罰。

漢代法律逐漸修改原來的制度。西元前一九四年，漢惠帝即位後就下令：七十歲以上和不滿七歲的人犯罪應當處刑的，都予以寬免，保全身體完好。不過，從這條法令看當時老幼犯罪還是要關押。以後漢宣帝時進一步規定：八十歲以上的老人，除了誣告、殺傷人的罪行外，其他犯罪一律不追究。這只是對於老人的優待，漢成帝時，又下令不滿七歲的人如果是犯有殺人罪或其他死罪的，可以「上請」，廷尉報告皇帝，可以免死。到東漢再進一步改革，明確規定未滿八歲以及八十歲以上的人，除了犯有親手殺人罪以外，其他一切犯罪都不予追究。魏晉以後的法律基本上沿襲了這一原則。晉朝法律在規定年老、年幼的人犯罪不受刑罰外，還規定「篤疾」者（按照古代法律規定，凡是喪失全部視覺的「雙目盲」、喪失聽覺及語言能力的又聾又啞，或者是喪失兩肢能力的兩手兩腳殘，這些都可以被稱為「篤疾」）以及婦女犯罪，都可以「收贖」（出錢財抵罪）。八十歲以上的人除了親手殺人外，其他犯罪都不追究。北朝的北魏法律也規定八十歲以上、八歲以下犯有普通的罪行不追究，即使犯有親手殺人的罪行，也必須要「上請」皇帝來裁決。

《唐律》全面總結了秦漢以來的法律，對於人們的刑事責任問題做了非常細緻的具體規定。《唐律疏議．名例律》「老小廢疾有犯」條將責任年齡及能力劃分為四段：

第一，十六歲以上、未滿七十歲，為完全負刑事責任年齡，必須對一切犯罪行為承擔相應的刑事責任；第二，七十歲以上、未滿八十歲，以及十一歲以上、未滿十六歲的人，以及廢疾（指白痴、啞巴、侏儒、一手或一腿折、盲一目等）者，僅在犯死罪及幾類重要犯罪時要處以刑罰，其餘犯罪都可以收贖；第三，八十歲以上、未滿九十歲，以及八歲以上、未滿十一歲，以及篤疾（雙目盲、兩肢廢，以及癲狂等）者，如果犯有謀反大逆、殺人等死罪，可以「上請」皇帝減輕處罰，犯強盜或竊盜以及殺人等罪可以收贖，對其他犯罪一概不承擔刑事責任；第四，九十歲以上、未滿八歲，為完全無刑事責任年齡，不論犯什麼罪，一概不承擔刑事責任。

除上述規定外，《唐律》對責任年齡和能力問題還有幾項補充規定：（一）對於教唆無刑事責任的人犯罪的問題，《唐律》規定都由教唆者承擔刑事責任，要賠償的，由因這項犯罪而接受到利益的人賠償。（二）對於刑事責任追溯時效問題，《唐律》規定在犯罪的時候還年輕、或者還是健康人，但到案發被逮捕時已經是年老或殘疾人，要按照年老或殘疾人的法律來處理；相反犯罪的時候還未滿上述的這些年齡段，而犯罪被發現時已經年滿年齡段，仍然按照未滿年齡處理。顯然總體原則是從輕處理。（三）禮教規範與刑法規定衝突問題。對於某些觸犯禮教的犯罪，即使依法不負刑事責任的，也不能免其罪責。比如《鬥訟律》中規定：毆打父母的，即使是幼小或殘疾人，雖然在法律上可以免於處罰，但在禮教上是嚴重的不孝行為，因此還是要追究，具體的處罰要「上請」，由皇帝來親自裁決。（四）本人責任與連坐責任。《唐律》雖然規定老幼廢疾犯罪可以減輕或免除刑事責任，但如果是因家人犯有要連坐的重罪的，則不能免除。比如犯有謀反大逆重罪的，其親屬即使在九十歲以上仍然要處死，七歲以下的兒童，也仍然要沒入官府為奴婢。

《唐律》的這些規定以後被長期沿用，歷宋、元、明、清各個朝代而無所修改。不過，明清法律還特意明確，九十歲以上犯有謀反大逆的罪行的，不得免除刑事責任，這也體現了明清刑法對維護皇權的內容進一步加強。

## 「誅心」

和世界其他文明古國相比，中國古代法律很早就注重對於犯罪意識的處罰和鎮壓，很早就有了故意、過失的區分。據說西周初期，周公在冊封弟弟康叔時就告誡說：有人犯了小的罪行，如果不是因為「非眚」疏忽，而是「唯終」慣犯，是故意為非作歹，即使罪過較小，還是不可不殺；相反，如果犯有大罪，卻是偶爾有犯，由於疏忽大意之故，也不應該處死。另外在《周禮．秋官．司刺》中又有所謂「三宥」之法：「一宥曰不識，再宥曰過失，三宥曰遺忘」，就是說對於不瞭解法律、不意誤犯以及本應意識到卻疏忽遺忘而造成危害後果等三種行為，在量刑上應該予以寬宥，減輕其刑罰。

從雲夢出土的秦國竹簡「法律答問」可以看到當時的法律認定是否構成犯罪的標準中，有一項就是看罪犯是否具有無犯罪意識。比如有一條問：甲偷盜了價值千錢的贓物，乙知道是偷來的，接受了部分財物，價值不到一錢，問乙應該如何處理？回答說是「同論」，就是乙和甲同樣按照偷盜千錢的罪名處罰。又有一條問：甲用偷盜到的錢買了絲，寄放在乙處，乙接受了，不知道這是用偷盜來的錢買的，問乙應該如何處理？回答說是「毋論」，不用處罰。前者乙知甲盜竊，雖分贓不盈一錢，亦與甲同樣以盜竊論處；後者乙雖為甲寄存贓物，但不知其為盜竊所得，故不應論罪。可見兩者的區分在於有無犯罪意識。另外當時將故意稱為「端」，過失就是「不端」。「法律答問」有一條說：甲告發乙犯有偷牛罪和殺人罪，結果調查後發現乙既沒有偷過牛，也沒有殺過人，問甲應該如何處理？回答是：如果甲是「端為」，故意誣告的，就作為誣告罪處罰，反坐所誣告的罪名；如果是「不端」，不是故意誣告的，就只是「告不審」的罪名。

對於故意、過失等犯罪主觀方面要件的重視，到了漢代就出現了「誅心」（處罰犯罪意識）的原則。這主要是由法官適用儒家經典裡的一些議論進行裁判的「《春秋》決獄」形式實現的，以後又作為判例「決事比」而被廣泛援引判案。最典型的此類案件比如：漢武帝時，有一次發生了這麼個案件：甲有父親乙，有一次乙和另一人丙發生口角，吵著吵著打了起來，丙抽出佩劍要去刺乙，甲在旁見了，趕緊拿起根棍子朝丙打去，不料一棍子下去，沒打到丙，卻把自己的父親乙給打傷了，旁人看見甲打傷父親，就把甲抓起來送到官府。官府查明情況。有的官員認為甲確實毆傷父親，按照漢朝的法律，毆父應該處以梟首（把腦袋砍下來掛在高竿上示眾）。大儒董仲舒被請求對此發表意見，董仲舒說：父子是最親密的親屬，見父親危險，當然要趕去救援。拿棍子打人是為了救父親，不是為了害父親。過去許國的國君生了病，世子許止伺候父親服藥，不料藥性不對，父親被毒死。孔子在《春秋》中記載這件事時，沒有說許止弒父。所以按照《春秋》經義，「君子原心」（君子按照行為人的動機來判定善惡），甲不是法律上說的毆父，應該無罪。

這個案例，是《太平御覽》摘錄的董仲舒《春秋決事比》的一段佚文。這種依靠分析動機來作出裁判，是漢代經義決獄的一個重要的原則。後來在辯論鹽鐵官營問題的鹽鐵會議上，「文學賢良」就曾歸納說：《春秋》決獄是「原心定罪」，所謂「志善而違於法者免，志惡而合乎法者誅」，動機是好的，即使是觸犯了法律仍然可以免罪；而動機是壞的，即使是合乎法律的行為仍然要作為犯罪處罰。

這種「原心定罪」的事例在漢代還有很多。比如漢哀帝時，大臣薛宣和給事中申咸交惡，申咸幾次彈劾薛宣不忠不孝，不應作為列侯在朝。薛宣的兒子薛況聽說了，就叫手下的門客楊明毀壞申咸的面容，使他不能再做官。楊明果然在皇宮大門外砍傷申咸，割掉了申咸的鼻子，砍破了申咸的嘴唇，使申咸受了八處傷。後來薛況和楊明兩人都被捕，御史大夫認為在皇宮門口行凶，是藐視皇帝，「《春秋》之義，意惡功遂（動機凶殘並達到目的），不免於誅」，因此兩人犯「大不敬」之罪，都該處棄市。而廷尉認為，行凶地點是在皇宮外，沒有藐視皇帝的意圖，只是一般的鬥毆罪，「《春秋》之義，原心定罪」，薛況是為了父親受辱，怒而指使行凶，沒有大的罪惡；楊明是受命行凶傷人，也無死罪。況且薛宣擁有爵位，可以減刑。兩人應處「完城旦」（保留頭髮鬍鬚，去邊境築城做苦工）。漢哀帝要群臣討論，丞相、大司空都認為御史中丞的意見正確，而大多數官員都認為是廷尉意見不正確。最後薛況被減罪一等，流放敦煌。薛宣因受牽連，免官爵為庶人。

不管這個案子判得對不對，就雙方都以春秋經義來分析動機這一點來看，當時確實已形成了根據動機裁判的風氣。懲罰惡的動機原則用得最徹底的，要算是《春秋公羊傳》上所說的「君親無將，將而必誅」——對於君主和家長不能有一點侵犯意圖，只要有這樣的念頭就必須嚴懲。在現在可以找到的漢代二十二個《春秋》決獄的案例中，引用這條經義的有三條，都是用來處罰被認為是威脅到皇帝的犯罪。後世法律的「十惡」前三項謀反、謀大逆、謀叛，都著重於「謀」，只要「始謀」就罪名成立。《唐律》規定謀反只要表示了犯意，即使「口稱欲反之言，心無真實之計，而無狀可尋者」也要處罰，對此的解釋就是引用《春秋》經義的「君親無將，將而必誅」。明清律根本就把這種單純的犯意表示也作為謀反之「謀」予以嚴懲。

儒家重視懲治動機是有其理論淵源的。無論是強調人性善的孟子，還是強調人性惡的荀子，都認為人應該接受改造，每個人都要從心底里排斥惡，來實現人性的善，或改造人性為善。這種理論曾促進了中國古代刑罰制度的改進，但也造成重視懲罰動機的傾向。「原心」的目的在於「誅心」。「原心定罪」只是這一過程的第一個階段，到了後來更有「存天理，滅人欲」，有所謂「去心中賊」的說法以及實踐。

在適用法律時注意行為的動機，注意到犯罪的主觀方面的要件，是法律發展進步的標誌之一。但是過分強調動機，強調處罰犯罪意識，就容易陷入所謂「主觀歸罪」，就會造成大量的冤案。因為人的主觀意識是很難判斷的，如果任憑法官的推測就可以認定是「善」、「惡」，並據此來定罪量刑，就很容易以語言文字、思想意識來定罪，形成大量的冤案，也會造成適用法律時的混亂。從晚清人陳熾的《庸庵筆記》裡記載的兩個典型的「誅心」事例中就可以看到過分強調這一原則的混亂之處。

清代的律例規定，凡調戲婦女，企圖誘姦而未成，致使被調戲婦女羞憤自盡的，要判處絞監候。這是一個死罪，但要在每年秋天舉行的秋審中確定是「情實」還是「緩決」，前者當年處死，後者等候下一年秋審再做決定。一般連續三次被判緩決，可以由刑部上請皇帝批准減等發落。調戲婦女致使婦女羞憤自盡的案子應擬為情實還是緩決，這是模糊的問題，要由朝廷的最高級官員在會同秋審時決定，可是刑部必須先有一個意見供會審官員參考。習慣上，刑部所擬的意見往往是得到透過的。刑部的司員們在對這類案件擬稿時，一般是這樣來確定的：凡是以「手足勾引」、動手動腳的，說明加害人居心更惡，就擬為情實；凡是僅以「語言調戲」的，說明加害人或許居心尚不是最惡，就擬為緩決。可這又是模糊的概念。有這樣一個案件：有個男子在路旁小便，正好有個婦女經過，那男子非但不側身躲避，相反還轉身正對著那個婦女，一邊撒尿一邊笑著用手指點自己的生殖器。那婦女見狀大哭，回家就上了吊。刑部草擬意見時，大多數人都以為這人一無手足勾引，二無語言調戲，只能擬為緩決。可有一個刑部司員卻說「調戲雖無言語，勾引甚於手足」，於是擬為情實，秋後處死。可沒過多久，又出現一個類似的案件：一位私塾先生，上課上到一半，起身到室外僻靜處解手。解到一半，偶一抬頭，正見對面樓上有個少女倚窗眺望，塾師不禁對著那少女笑了一笑，那少女臉色大變，馬上關了窗。塾師依舊回到課堂，沒過多久，就聽得外面嚷嚷，說是對面有個少女突然上吊身亡。塾師一聽，不由得一拍書桌，脫口而出：「哎呀，今天大錯了。」座下有一個學生就是那少女的弟弟，急忙回家探視。父母正在為女兒死得莫名其妙而煩惱，聽見兒子說起塾師的舉動，大覺可疑，立即去報了官。塾師到案一一招供，問成絞監候。這案子到了刑部，多數司員也擬為緩決，又是上次那個司員主張「雖無實事，其心可誅」，仍然擬為情實，也在秋後被處決。

陳熾評述這兩個案件時，認為前一個案子是「南山鐵案」，而後一個案子是「深文周內」。他說後一個案子裡，由塾師事後的「拍案驚呼」就可推知其「笑之無心」，並且顯然有「自悔之意」，因此和前一案件裡的那個惡棍不同。他還說一年後那個司員和人打麻將時突然暴斃，就是因為他後一個案件「刀筆殺人」的報應。可是以現在的眼光來看，這條法律本身就容易造成錯判，應該說調戲和婦女自殺之間並不一定有必然的連繫，所謂「誘姦」只是犯意的表示，並不能從調戲行為就確定肯定有誘姦的企圖。在這兩個案子裡，僅憑一笑就定企圖誘姦性質的調戲，實在是太主觀武斷了，也很難說前一案件的罪犯比塾師有更大的惡意。塾師的驚呼不是也有可能是因為罪行敗露而情不自禁嗎？

## 自出

中國歷史上唯一的女皇帝武則天在自己稱帝、建國號為「周」後，為了政治上的需要，任用一批酷吏，興告密羅織之風，大肆誅殺原來唐朝的大臣。有狄仁傑，酷吏來俊臣誣告狄仁傑等六位大臣謀反，把狄仁傑抓起來嚴加審訊。狄仁傑見審訊室裡擺滿的刑具，知道如果不認罪肯定就要被活活打死，他長嘆一聲：「大周革命，萬物維新，唐朝舊臣甘心受戮。」說罷就承認自己確實謀反。按照當時的法律，如果在第一次審訊時就承認罪狀，可以算作自首，可以減一等處罪。謀反雖是個死罪，減一等就是流三千里，可以不死。好漢不吃眼前虧，狄仁傑就是想鑽這個法律空子，先躲過刑訊這一關，將來再作計較。不料來俊臣的手下王德用步步緊逼，說：「狄相公反正已經脫了死罪，請在供詞中再牽幾個人進此案。」狄仁傑說：「皇天后土在上，竟然有人要我狄仁傑做這等事！」說罷一頭撞在柱子上，血流滿面，昏死過去。王德用見狄仁傑以死相拒，只得暫時放過。狄仁傑被關在大牢裡，乘看守不備，在自己的被裡用血寫了一封給武則天的申訴信，又乘著換季的機會，把被子傳回家去換洗。他的兒子見了血書，連忙到武則天宮外鳴冤。武則天很奇怪，說：「狄仁傑不是已經認罪了嗎？」她把來俊臣叫來，問：「你是不是使用酷刑逼供的？」來俊臣連聲申辯，說這幾個罪臣都受到很好的待遇，在獄裡還穿戴著士大夫的巾服。武則天將信將疑，要派自己身邊的使者前去查看。來俊臣趕緊布置，把那六位大臣都拉出來洗乾淨，穿上新衣服，站在監獄的一個院子裡等待使者。那使者進了監獄就頭皮發麻，心驚膽顫，到了那個院子，頭往東邊看了看，口中就連聲說「挺好、挺好」，轉身回去覆命了，而那些大臣卻是站在西院牆下的。來俊臣處心積慮要殺這幾個大臣，可這些人都已認了罪，按法律不得處死，他就偽造了一封以這些大臣名義寫的「謝死表」，說是他們自感罪惡深重，無顏再活在世上，決心自殺以償罪惡。武則天一直很欣賞狄仁傑的才能，並不相信狄仁傑真的會謀反，她見了這封「謝死表」，決定親自召見狄仁傑問個明白，狄仁傑這才得以為自己洗脫罪名。武則天問他：「既然你是完全被冤枉的，那為什麼要認罪呢？」狄仁傑回答說：「要是不認罪，我早就死在枷棒之下了。」

這個故事裡狄仁傑巧妙加以利用的自首減刑，體現了中國法制史上一個富於特色的重要的法律傳統。在湖北雲夢出土的秦簡裡有幾條關於自首——當時叫「自出」的法律解釋，如有一條說：一個人帶著向官府借來的物品逃亡，如果後來是「自出」的，就僅作為逃亡罪處罰；如果是被抓獲的，就要計算物品價值作為盜罪處罰。從這一條來看，當時犯罪自首已有可能得到寬大處理。可是另一條又是這樣的：一個未成年的女子為人妻後出走逃亡，以後又被捕獲或「自出」，如果婚姻是經過官府認可的就要論處，沒有經過官府認可的就可以不論處。這似乎又說明無論是否自首處罰都一樣。後來漢律又有「先自告者除其罪」，這樣，自首可得到減免刑罰就成為中國刑法的一項重要原則。

典型的中國式的自首法律，可見於《唐律疏議．名例》。這部七世紀的法典規定：「諸犯罪未發而自首者，原其罪。」這裡的「未發」就是犯罪尚未被人發現的意思，只要犯罪還未被發現，自首者就可以免罪。這部法典還細緻地規定了各種情況下的自首效力：知道犯罪已被人告發、或已被審訊、或因其他犯罪逃亡被捕，主動坦白也算自首，可以減罪二等，這大概可以算是後來「坦白從寬」原則的濫觴了；他人也可以代罪人自首，效力和本人自首相同；可以容隱其罪行的家屬如告發犯罪就算是罪人自首；輕罪被髮覺而自首重罪的，可以免除重罪；在審訊時主動坦白尚未被髮覺的犯罪，可以不加追究；犯了幾種罪而只自首了其中部分罪、或自首的情節比真實情節為輕，稱之為自首不盡不實，僅治其不盡不實之罪，死罪可以免死；等等。但是同時也規定，損傷人身、盜竊私人不得收藏之物、偷渡邊境關卡、奸罪等難以恢復原狀的犯罪不得適用自首減免。

《唐律》的這些內容被後世的法律沿襲，但有關自首的案件卻有不少引起廣泛的爭論，比如宋朝最著名的案件之一——登州阿雲殺夫案。

這個案件發生於一〇八六年。登州（治所今山東蓬萊）女子阿雲在母親死後服喪未滿的時候被嫁給了一個姓韋的男子，按照古代法律，服喪內成婚是「違律為婚」，是無效婚姻。不過阿雲並不知道這一點，她只知道媒婆騙了她。她的丈夫面目醜陋，性格粗暴，阿雲心中怨恨不已，以至於一天晚上拿了一把菜刀想砍死丈夫，只因力氣太小，丈夫沒受致命傷。當官府審訊時，阿雲在審訊一開始就認了罪。登州知州許遵認為阿雲違律為婚，婚姻無效，不算是十惡中「惡逆」的殺夫重罪，只是一般的謀殺罪；而且殺人未死，又有自首情節，應該按照故意傷人罪減罪二等。可是案件上報到朝廷專管審判事務的宮中審刑院、大理寺，卻遭到駁詰，這兩個機構的意見是阿雲和韋姓男子已是事實夫妻，殺夫的罪名應該成立；而且法律規定殺人、傷人不得因自首減免；只是阿雲違律為婚，難以完全按照殺夫罪處罰，建議請皇帝下詔，予以特赦死罪。當時正值王安石說動宋神宗推行改革，想以這個案件打擊反對改革的臣僚，就支持許遵的意見。其他王安石派的官員也紛紛上書表示支持。而反對改革的司馬光、呂公著等則支持宮中審刑院和大理寺的意見，自然也有一大批追隨者。雙方爭論不休，引起黨爭。足足爭論了一年之久，最後宋神宗表態支持王安石，才算是告一段落。

自首減免原則的出發點，大概一是因為自首可以大大節省官府查清案件事實的時間和精力，提高統治效率；二是因為罪人自首，說明他尚有知罪之心，有悔罪改過的可能性，自然應該不去追究或減輕處罰。而且在後世的許多司法者看來，自首減免還是解決疑難案件的捷徑。

比如清朝乾隆年間有這麼個案件。有一年江南長州縣（今蘇州市）破獲一起私鑄銅錢案，被捕的案犯們都說一個在逃犯是本案的主謀，按照法律，共同犯罪以主謀（造意）犯為首犯，其餘為從犯，從犯可比主犯減刑一等。按《大清律例》：私鑄銅錢首犯是個死罪，現在首犯未獲，其他的算從犯減刑一等，發遣新疆。過了兩年，那個在逃的罪犯被捕獲歸案，可幾經審訊，就是死不承認是私鑄銅錢的主謀，說是上次已經抓獲處理了的某某才是主謀。照理說，這個案件應該提審那人當面對質，可是那人遠在新疆，怎麼可能千里迢迢把他押解到江南？尤其是萬一那人對質時供稱自己確實是主謀首犯，那麼原案就要作為審錯的案件翻案，原審官員就算辦錯案件「失出人罪」，是要按所失出罪名反坐受罰的。縣官對此全沒了主意，懇請自己的幕友想辦法。他的幕友也一籌莫展，只得把附近幾個縣衙裡的幕友都請來，群策群力，共同探討。後來松江縣的一位師爺出了一個主意：勸告那個被捕的罪犯承認自己是主謀首犯，同時又把他被捕的情節由通緝被捕改為「聞拿自首」，這麼一來，雖然是主謀首犯應該處死，可是又有自首情節，可以減罪一等，也不過是個發遣的罪名。用這個道理說服被告配合，被告果然沒有再頑抗抵賴，自願按照法官的提示招供，使得案件順利完結。

這個活用自首的案件在當時具有典型意義，有很多疑案都是依靠這種辦法解決的。只要給罪人講清利害關係，說明只要修改口供就可以減輕處罰，要罪人配合就很容易。罪人既可開脫死罪，法官又可以從速「破案」審結，對於雙方來說都是皆大歡喜。記載這個故事的是清乾隆年間的江南名幕汪輝祖，他在他的《學治臆說》一書中記載了這個故事後，說自己後來處理疑案，都會仿照這個故事，並說法律中自首這一條是開了無數的「救生活門」，值得法官們好好體會。

## 十惡不赦

魯迅先生曾說過中國古代數字好十成癖，就連重罪的罪名也要湊成十種。這確實是中國法制史上的一個悠久傳統。《北齊律》首次在律中排列出「重罪十條」，以後的隋《開皇律》又將這「重罪十條」發展為「十惡」，被以後各朝各代法律所沿襲（僅西夏、元朝改稱「諸惡」）。

「十惡」是歷代法律的重點打擊對象，其中的不少罪名只要有預謀即罪名成立，甚至只要表示了犯意就構成犯罪，表現出禮教所謂的「誅心」（懲罰壞的動機）原則。「十惡」罪名的處刑一般也都比較重，大量施用死刑，以及不分首從的「皆斬」。尤其是對於侵害皇帝或皇權的罪名，還往往要實行「緣坐」，連帶處罰罪犯的親屬。但是最嚴重的後果是「十惡」的罪犯一律不得被普通的大赦所赦免，所謂「常赦所不原」，而且貴族官員犯有十惡的，也不得援引八議、收贖之類的特權來逃避刑罰。所以在民間俗諺中就有「十惡不赦」的說法，強調的是不容赦免。和現在的法律不同，古代經常會因為皇帝的個人原因發布大赦，習慣上凡皇帝登基、改元、立皇后及太子、郊祀、封禪、巡狩、祥瑞、災異等等之類的大事都要發布大赦，來「與民更始」或「普天同慶」、

「皇恩浩蕩」。按近人徐式圭《中國大赦考》的統計，兩漢四一八年間，總共發布了一百八十六次大赦令，平均幾年就大赦一次；三國兩晉南北朝的三八一年間，由各位皇帝發布的大赦令居然多達四百二十八次；唐朝和宋朝都是平均一點五七年一次大赦；元朝在九十七年裡大赦了四十五次，平均二點一五年一次；明朝開始降低大赦頻率，在兩百六年中只有五十五次大赦，平均五年多一次。清朝更經常採用的是對一切在押罪犯減刑一等的辦法，大赦比較少，兩百六十七年中才十九次大赦，平均十四年多一次。「十惡」制度在很大程度上就是為了不使這十類最嚴重觸犯禮教的罪犯因大赦而獲免。

「十惡」具體的名目是這樣的：

◆ **謀反**：謀反這一罪名從秦朝就已確立，一直沿用到清末。律文的註解很簡單，說是「謀危社稷」。社是土地神，稷是穀物神，社稷歷來作為國家和君主的象徵。謀反就是企圖危害君主或國家。其刑罰與下述的謀大逆一樣，律文本身也都是將謀反和大逆連稱。

◆ **謀大逆**：「大逆」在秦漢時用來做一些被認為罪大惡極犯罪的形容詞，並沒有具體的罪名指稱。唐朝的法律註解明確這類犯罪有三項具體罪名：「謀毀宗廟、山陵及宮闕」。宗廟是皇帝供奉祖先的廟宇，山陵是皇帝先人的陵墓，宮闕是皇帝本人居住的地方，這些都是皇帝和皇權的象徵，圖謀破壞就是企圖侵害皇帝的祖宗和挑戰皇帝的權威，因此必須嚴懲。《唐律》規定謀反、謀大逆者，本人不分首從皆斬；其父親和十六歲以上的兒子皆絞；妻妾和十五歲以下的兒子以及母親、女兒、兒子的妻妾、孫子、祖父、兄弟、姐妹全部沒入官為奴婢；家中的部曲、奴婢、資財、田宅也全部沒官；伯叔父、侄子無論是否同居，皆流三千里。即使是僅僅圖謀沒有實際實施，仍然要處絞刑。到了明清時進一步加重到參與謀反大逆的全部凌遲處死，大功以內的滿十六歲以上的男性親屬全部處斬。

♦ **謀叛**：謀叛是指「謀背國從偽」，即圖謀叛國投向敵對皇朝。這也是從春秋時代起就有的罪名。以後就是在戰場上放下武器投降敵軍的也算是重罪，比如從雲夢出土的秦代竹簡中可以看到，凡是在戰場上被認為已經戰死的人以後又活著回國的，就要罰為官府的奴隸。如果是主動放下武器的都要株連家屬。比如漢朝的將軍李陵沒有為皇帝戰死，後來家屬都被處死。《唐律》規定有叛國企圖的，首犯處絞刑，從犯處流刑；已經「上道」即已實施叛國行為前往投向敵對皇朝的，不分首從皆斬，妻、子流二千里。而百姓「亡命山澤」不聽從官府召喚的也以謀叛論罪；膽敢抗拒官兵，就以「上道」論。

◆**惡逆**：惡逆原來也只是一個惡性犯罪的形容詞尾綴，隋唐後來專門指一組家族內部犯上侵害罪名。包括子孫毆打、謀殺祖父母、父母；侄子殺害伯叔父母、姑母；弟弟殺死哥哥、姐姐；外孫殺死外祖父母；妻子殺害丈夫、或丈夫的祖父母或父母。《唐律》規定不分首從皆斬，明清律進一步加重到凌遲處死。

◆**不道**：「不道」本來往往和「大逆」連稱，是惡性犯罪的形容詞尾綴，隋唐後專門指一組惡性侵害罪名。包括了一次殺死一家沒有犯有死罪的三人以上，罪犯要不分首從皆斬，妻、子流二千里。不僅殺人還肢解人的，罪犯也是不分首從皆斬，妻、子流二千里。「造畜蠱毒」，即培養、訓練毒獸毒蟲暗中害人，只要有這種行為，並且被人們認定足以害人的，無須有傷害事實即罪名成立，罪犯以及教令者處以絞刑，其同居的家屬即使不知情仍然要流三千里，當地的「裡正」未能及時告發也同樣流三千里。採用「厭魅」，即暗中施用巫術詛咒企圖害人、或者是企圖控制他人感情（比如企圖以此贏得家長、主人的喜愛），如果是企圖以巫術殺人的，減謀殺罪二等；因此而導致人死亡的，以殺人罪論；為求祖父母、父母、主人喜愛而施行巫術的，流二千里；如果是針對皇帝施用巫術的，不分首從皆斬。

◆**大不敬**：「不敬」至少從秦朝開始就是專指侵犯皇帝尊嚴的罪名，隋唐以後包括了：（一）盜竊皇帝用於祭祀神靈的祭品，盜竊皇帝的生活用品。都處流二千五百里。（二）偷盜或偽造皇帝的印信。偷盜者，絞；偽造者，斬。（三）因失誤在為皇帝合藥時沒有按照藥方配藥或者是寫錯了封題；為皇帝烹調「御膳」因失誤而觸犯「食禁」飲食方面的禁忌）；為皇帝製造車輛或船隻因失誤而不牢固。根據禮教臣子對於君父不得有任何失誤的原則，都要處以絞刑。（四）「指斥乘輿」，即嚴厲指責皇帝。處斬。（五）對於皇帝派出的使者沒有禮貌。處絞刑。明清法律將（一）、（二）罪名加重到斬，而將（三）、（四）、（五）減輕為徒刑和杖刑。

◆ **不孝**：中國古代很早就有「罪莫大於不孝」的說法，據說這是第一個朝代夏朝的法律就已經確立的原則。當時中原地區的各部族大多是嚴格的父系社會，並且信奉祖宗崇拜，將自己死去的祖先作為最重要的神明來祭祀，因此絕對不容許對於父祖權威的挑戰，因此將「不孝」列為頭等大罪是很有可能的。以後隨著王權的加強，對於王權的挑戰也成為最重要的犯罪，必須遭到嚴厲的懲罰。隋唐以後的不孝是一組被認為嚴重違反孝道的罪名，具體包括：（一）子孫告發或詛詈祖父母、父母。告發者和謾罵者都要處絞刑。（二）祖父母、父母在，「別籍異財」。即子孫在祖父母、父母尚未去世的情況下就和祖父母、父母分家單過（如果是祖父母、父母指示分家則無罪）。徒三年。（三）違反祖父母、父母的「教令」。即有意違抗祖父母、父母的教訓和指令。徒二年。（四）「供養有缺」。即對於祖父母、父母的供養不充分。徒二年。（五）在為去世的祖父母、父母服喪期間有違反孝道的行為：自己娶妻或出嫁，或者是在服喪期間奏樂、脫掉喪服改穿「吉服」。徒三年。（六）「聞祖父母、父母喪，匿不舉哀」。即聽說祖父母、父母去世不馬上悲痛哭泣的開始服喪（這是因為當時法律規定凡是官員一旦有祖父母、父母去世的情況，必須立即離職守喪一定期限，而在這一強制性的服喪假期裡朝廷並不給予俸祿。所以不少官員為了貪圖俸祿而故意匿喪。相反在有些情況下為了躲避某些危險責任，也有的官員會詐稱祖父母、父母死而以服喪作為逃避方法）。處以流二千里。（七）詐稱祖父母、父母死。徒三年。明清律對這一類罪名進行了大幅度的減輕處理，告發祖父母、父母減為徒三年，以下大多減為杖刑。

♦ **不睦**：不睦是一組親族內部互相侵害的罪名，因有違禮教「親親」的原則，也列為十惡。《唐律》規定的這類罪名包括：（一）謀殺緦麻以內的親屬。謀殺緦麻以內尊長的，流二千里；已傷者，絞；實際殺死的，不分首從皆斬。相反，尊長謀殺緦麻以內卑幼親屬的，各依故殺罪減刑二等；已傷者，絞；已殺者，依故殺罪處理。

（二）出賣緦麻以內親屬。將期親以內的卑幼親屬（包括弟妹、子孫、侄子孫、外孫、子孫之妻、堂弟妹）「略賣」即強行出賣為奴婢的，和鬥毆殺死期親以內卑幼親屬同樣處理（如鬥殺弟妹徒三年，鬥殺子孫徒一年半等）。如果是「和賣」（得到被賣者同意的），各減一等處刑。出賣其他緦麻以內的親屬要按照普通的略賣、和賣良民為奴婢罪同樣處理。（三）妻子毆打、謾罵或告發丈夫大功以上的尊長和小功以內的尊親屬。妻子毆打、謾罵丈夫尊長親屬的，比照丈夫的同樣行為減罪一等（如果減刑後過輕，則比常人加一等處罰）。告發丈夫以及丈夫的祖父母、父母的，徒二年。明清法律基本承襲了這些規定。

◆**不義**：不義是一組被認為違反禮教尊卑等級之義的罪名。隋唐以後主要指平民謀殺本地各級地方長官（包括朝廷派出的使節、刺史、縣令），士兵謀殺本部五品以上的長官，學生謀殺目前擔任其指導教學的教師。凡是預備謀害的，流二千里（一般謀殺罪為徒三年）；已有傷害的，絞；已殺害的，皆斬。另外還包括妻子聽說丈夫去世後不立即哭泣服喪，或者在服喪期間奏樂、脫掉喪服改穿吉服，甚至在服喪期間就改嫁的，都要和上述的子孫為祖父母、父母服喪時違反孝道罪行同樣處理。明清律基本相同。

◆**內亂**：內亂是一組親族內部的性犯罪罪名。隋唐以後主要指小功以內的同輩親屬通姦，雙方都處流二千里。如果是強姦的，男方處絞刑；但如果是和祖父、父親的妾通姦的，或是小功以內不同輩分之間的通姦（具體而言指：伯叔母、姑、姐妹、兒媳或孫媳、侄女），就要處絞刑。

實際上除了「十惡」以外還有很多被認為是嚴重觸犯統治秩序的犯罪也是不可赦免的。歷代發布的大赦令中一般都列舉謀殺以及故意殺死他人、放火、劫囚、受財枉法等不得赦免，明清法律明確規定十惡以外的殺人、盜竊官府財物、強盜、竊盜、放火、盜墓、受財枉法、詐偽、犯奸、略人、略賣人口、奸黨、故出入人罪等罪犯也是「常赦所不原」。

## 株連

一人犯罪，就要他的全家一起來受刑罰處罰，這種「株連」（法律上的正式稱呼叫做「收孥」或「緣坐」，如果全部都處死的叫「族誅」）親屬的連帶刑事責任是中國古代刑事法律的重要特色之一。一個國家的刑罰總是針對這個國家最推崇的價值觀念，越是價值觀念推崇的就越會被用做處罰的對象。中國古代強調家族倫理，於是就設計出讓一人犯罪、全家受罰的處罰方式，來警告人們不得輕易觸犯法律。

從現有一般的史料來看，這種制度倒不是很早就有的。雖說儒家經典《尚書》裡有一篇周武王討伐商紂王的「泰誓」指責紂王「罪人以族」，但是這一篇被認為是後人的偽作。歷史記載上最早明確實行「三族」法律的是秦國，據《史記》的《秦本紀》記載，秦國的第四代國君秦文公實行了這一法律，這是在西元前七四六年。這裡的「三族」究竟是哪三族，歷史上一直是眾說紛紜，沒有定論，有的說是父族、母族、妻族；也有的說是父、子、孫；也有的說是父親的兄弟、自己的兄弟、兒子的兄弟。唯一能夠肯定的，這無疑是指殺死罪人一定範圍內的全部親屬。至於其他國家是如何開始實行這一法律的，則史無明文。從《春秋》的記載來看，有不少貴族在爭鬥中失敗後「族黨」被殺光，號為「滅族」。

戰國時期的法家主張以重刑威嚇百姓，其中很重要的手段就是「重刑而連其罪」，一人犯罪，全家受罰。以後秦國在商鞅變法後進一步加強各種使人們承擔連帶刑事責任的法律。反對國王的嚴重犯罪要「夷三族」，將三族內的親屬全部殺光，比如李斯因「謀反」被判「夷三族」。過去一般都認為這時的「三族」主要是指罪人的父母、妻子及子女、同胞兄弟姐妹，但現在很多學者認為「三族」實際上是一個統稱，並非機械的指三類親屬，應該指的是罪人的全部直系親屬，以及最近的旁系親屬（兄弟姐妹）、配偶。稍微減輕一點的是「族誅」，據說就是殺光罪人的妻子、子女。比如秦始皇下達焚書令後，特別規定「以古非今者，族」。而且很多罪名都規定要「收孥」，將罪人的妻子、子女都「收」為官府奴隸。

漢朝初年為緩和社會矛盾，曾接連採取一系列減輕刑罰的措施。高太后當政時宣布廢除「夷三族」，但當時的法律仍然保留「族誅」。還有專門的「收律」，規定被處以完城旦舂、鬼薪以上刑罰的罪犯，以及因為犯奸罪被處以宮刑的罪犯，都一律要「收」，妻子、子女都要收孥；房屋、土地等財產也全部沒收。但如果兒女已經結婚（包括成婚後守寡或被休棄）、另立門戶，或者具有爵位的，可以不收孥。如果妻子告發丈夫犯罪的，妻子可以不被「收」；相反丈夫告發妻子的，也可以不被「收」。

漢文帝即位的當年（前一七九）就進一步實行改革，下詔說：「法律是治理國家的最公正的，用來禁止暴虐、指導和保護善良百姓的。現在有人犯罪就要將他那無罪的父母、妻子和子女、同胞兄弟都視為罪人而收孥。朕認為這不適當，請討論廢除。」可是朝廷大臣都反對，認為：百姓不能自治，所以才用法律來禁止。互相有連坐收孥的關係來牽制他們用心，使之不敢犯法，這是久遠以來的法律，還是不改動為好。漢文帝卻仍然堅持，再次下詔：「朕聽說法律公正百姓就善良，罪刑相當老百姓就服從。而且教育百姓使之善良是長官的責任，既不能正確引導，反而又用不公正的法律來治罪，是驅使百姓走向暴虐，怎麼可能禁止暴虐？朕看不出這有什麼好，請進一步討論。」大臣這才同意廢除親屬相坐的「收律」。同時這位銳意推進刑罰改革的漢文帝再次明確宣布廢除「夷三族」，不過後來因為他受了騙子新垣平的欺騙，於是一怒之下，將新垣平「夷三族」，這樣，夷三族就又得以恢復，「族誅」也一直保留在刑罰體系中。只有「收孥」以後好像確實是不再普遍使用了。

曹魏時期的法律仍然保留「夷三族」，但在後期發生了一個變化。當時毌丘儉因起兵反對司馬師，兵敗被殺。按照反逆重罪要處「夷三族」，毌丘儉的兒媳荀氏也要緣坐處死，然而荀氏家族卻是和司馬師家族聯姻的。為了救出荀氏，司馬師要求魏帝下詔，允許荀氏和毌丘儉的兒子離婚。但是荀氏所生的女兒毌丘芝雖然已出嫁劉子元，仍然作為毌丘儉的孫女也要被處死，只是因為毌丘芝已經懷孕，被關押在監獄中，等待分娩後即被處死。荀氏向當時擔任司隸校尉的何曾求情，何曾授意下屬向朝廷上書說：婦女在父母有罪和丈夫家有罪的兩種情況下都要受緣坐處死，「一人之身，內外受辟」；為此建議朝廷修改法律，未婚女子只緣坐父母之罪，出嫁以後只緣坐夫家之罪。曹魏朝廷果然接受了這個建議，修改了緣坐的法律。

這次修改後的「夷三族」法律以後又一次變化，東晉初廢除了「夷三族」，不久後又恢復，但改為謀反之類重罪的罪犯「緣坐」的親屬中，男子處死，而女子被收為官奴婢。北朝則男有「門誅」，凡反逆重罪「親族男女無少長皆斬」。這一時期又恢復了收孥，南朝凡重罪罪犯應判處死罪的，妻子及子女都要補奚官為官奴婢。北朝規定重罪罪犯被判處流刑以上刑罰的，都要收其一戶親屬配為「雜戶」。不過到了北朝末期廢除了「門誅」和「夷三族」的名稱，逐漸統一稱呼為「緣坐」，除了謀反大逆等反對皇帝的重罪外，普通的賊盜之類犯罪不再適用緣坐，而且即使緣坐也採用了南朝的只處死罪犯男性親屬，將女性親屬沒為官奴婢的方式。

唐朝的法律最為寬大，緣坐家屬的罪名被限制於謀反大逆、謀叛等嚴重侵犯皇權的犯罪，以及「不道」中的一些嚴重侵害統治秩序的犯罪。換言之只要不反對皇帝，皇帝也不殺你一家子。謀反大逆罪犯的父親、兒子都處死，但女性親屬以及祖父、孫子、兄弟以及未滿十六歲的兒子都不殺，收為官奴婢。另外年滿八十歲以上的男性親屬、年滿六十歲以上的女性親屬可以免於處罰。伯叔、侄子等親屬都要處以流三千里。

唐朝的法律被後世繼承。以後明清的法律將謀反大逆的緣坐處罰加重，罪犯大功親以內的十六歲以上的男性親屬全部要被處死，女性親屬全部沒為官奴婢。

從以上的敘述中可以知道，「株連九族」主要是一個形容性質的統稱，並非嚴格的法律用語，歷代法律上並沒有這樣的處罰。最早的多於「三族」的屠殺罪人親屬的記載，是《史記》提到的荊軻刺秦王后秦王屠殺荊軻「七族」。對此的解釋也有多種，有的以為是曾祖至曾孫這七代範圍內的全部親屬，也有的認為是父族、姑之子、姐妹之子、女兒之子、母族、兄弟之子、妻子以及妻子父母。東漢的王充在《論衡》中又說是誅殺荊軻的「九族」。「九族」的解釋也有各種，一般認為就是指上自高祖、下至玄孫這九代的所有親屬。實際上是一切親屬的統稱。《隋書》記載隋文帝在鎮壓了楊玄感的起兵後，「罪及九族」。史籍中類似這種有關屠殺罪人九族的記載很少。傳說明成祖朱棣起兵奪取皇位後，原來擁戴建文皇帝的主要文臣之一、當時南方的名士方孝孺寧死不屈，不願為明成祖起草詔書，明成祖威脅他說：「難道你不顧及你的九族嗎？」方孝孺說：「便是十族奈我何！」明成祖或許認為方孝孺這句話是對於他獨創能力的蔑視，於是將方孝孺的學生全部抓來充當九族之外的第十族，據說一共殺死八百多人。不過這一說法並不見於較為嚴肅的史籍。

# 賣身為奴

董永和七仙女的傳說是中國民間婦孺皆知的故事。不管各種版本的傳說、戲曲的細節有什麼不同，但實際上都是從晉代小說《搜神記》記載的東漢董永故事發展而來的，基本內容也是大同小異，都是說董永為葬父母，欠下巨額債務，不得不自賣為奴，幸得仙女下凡，運用仙術，紡織絹帛，幫助他贖身還家。

從現有的資料來看，中國古代的法律很早就禁止以人身擔保債務了。在湖北雲夢出土的秦國竹簡中，有一條「法律答問」說明，當時法律已禁止債務人提交人質為債務擔保，提交人質的和接受人質的都要處以「貲二甲」的處罰。並說明當時的司法習慣上，凡強行向債務人索取人質的，要受「貲二甲」的處罰，被迫提供人質的債務人可以免罰。湖北張家山出土的漢墓竹簡裡也有類似的條文，規定債權人強行索要人質的，處以罰金四兩。

秦漢時法律禁止人質擔保債務，但同時又允許債務人為債權人服勞役來抵償債務。雲夢出土的秦竹簡，有一條《司空律》的律文，詳細規定：如果有積欠官府債務的，就要約定日期傳訊債務人，如債務人無法清償，當天就要債務人開始服勞役抵債，每勞役一天，抵償八錢，但如果是由官府提供飯食的，就只能算六錢。官府的伙食標準為男子每餐三分之一斗，女子四分之一斗。債務人也可以自己的奴婢、牛馬來為官府服勞役抵債，不過如果債務人是工匠、商賈就不能找人代役。勞役抵債的債務人在官府服役期間和官府的奴隸一起工作，不得作為奴隸們的監工，只有在每年的播種、收穫農忙季節可以回家二十天。東漢人王充在他的《論衡》裡曾提到窮人欠下官債只好以勞役抵償。民間的債務很可能也是用這種方式來抵償的。直到唐朝的法律仍然規定，如果債務人無法清償債務，又沒有什麼財產可供抵償，就應該「役身折酬」，以自己或家人的勞役來抵債，只是勞役的人限制在男性家屬。關於勞役抵債的具體方法則沒有詳細的規定。

按照上述法律允許的「役身折酬」抵債方式來看，董永的「自賣為奴」並非是真的去債權人那裡當奴隸，而應該是借下巨額債務約定日後以自己的勞役來抵償。按照《搜神記》的說法，董永是千乘（今山東高青）人，父親死後，家中貧窮，無法安葬，董永只得向人借了一萬錢，守喪三年後再到債主家服役抵償。董永的孝心感動了天帝，天帝派遣仙女下凡，幫助董永。債主要求董永為他織一百匹縑（絲織品）償債，仙女只用了十天就織完了這一百匹縑，董永因此清償了債務，得以回家。漢代縑價大約是每匹四五百錢，董永欠債一萬錢，連本帶利折合為一百匹縑，要是沒有仙女的幫助，恐怕是一輩子都還不清的。實際上絕大多數勞役抵債的債務人終身陷於勞役中，和奴婢沒什麼兩樣。而且根據上述秦國的法律規定來看，到官府以勞役抵償債務的人的待遇和官府奴隸是相同的，甚至還特別規定不能任用這些抵債勞役者為奴隸的監工。看來民間勞役抵償的債務人在債權人處的勞役身分也和奴隸是一樣的，所以習俗上都以奴婢視之。由於真正能夠自己還清債務贖身的極為罕見，常常就會因此終身淪為奴婢。

董永故事是神話傳說，歷史上像他這樣以勞役抵償債務成功脫身的，只有極少數的幾個事例。最著名的如南朝劉宋時的孝子郭原平，父親去世後，傾家蕩產為父親營葬，「自賣」給造墳的主人為奴，和董永一樣，在守喪期滿後去「買主」處服役抵債。他和那戶人家的奴婢一起勞動，學習造墳的技術，進步很快，在為主人服役之餘，還為人造墳，得到的報酬一部分奉養母親，餘下的積聚，終於得以還清債務，「自贖」還家。南齊時孝子吳達之幾乎重複了郭原平的故事，他為葬嫂，自賣為奴，為人營造墳墓，最後也得以自贖成功，恢復自由。

儘管法律一直是禁止以人質為債務擔保的，可是民間這種以人質為債務擔保的習俗卻一直長久流傳。中國古代把借債提供質押品的行為稱之為「質」或「貼」或「贅」，以人質為債務擔保就叫做「貼子」、「贅子」。比如漢代淮南地區有「贅子」的習俗，借債時債務人把自己的子女作為人質交給債權人，如果在三年內不能清償債務，當人質的子女就淪為債權人的奴婢。歷史上這種「貼妻賣子」的現象不絕於史書。有的時候，還會有以母親為人質的，南朝劉宋時有個叫尹嘉的，借了一筆債無法清償，他的母親只得「自以身貼錢，為（尹）嘉償債」。尹嘉為此被捕，被治為不孝罪。在唐朝時的袁州（今江西宜春）、柳州（今廣西柳州）民間也有同樣的習俗。韓愈為袁州刺史、柳宗元為柳州刺史，都曾下令禁止這種「俗法」，還曾拿出自己的俸祿替百姓贖回淪為奴婢的子女，在歷史上傳為美談。不過仔細分析這種美談，就可以知道不得以人質為債務擔保的法律在社會上是沒有實效的，而且官府也只得對這種違法的、應該是無效的交易予以默認，還得拿錢來贖取人質。

唐朝以後的法律只認可「保人代償」方式的債務擔保，法律禁止以債務「準折」債務人的妻妾子女，要處杖一百，強行索要的，加二等處刑。法律嚴禁將平民出賣為奴婢，就是尊長也不得出賣子孫，這被當做是「十惡」大罪中的「不睦」之罪，要判處徒二年。但是在民間，過去這種以人身為債務擔保的慣例依然長期存在，在欠下債務無法清償時，債務人往往將子女抵償債務。為了規避法律，民間採用的手法有這樣幾種：一種是假立一張「義男」或「義女」的「婚書」，算是將自己的子女出養給債主當養子或養女，上面一般都寫上「終身使用，永不歸宗，倘有不虞，繫自己命」的文字。這樣一來規避了法律，二來又使得抵債的子女和債主形成養父母和養子女的「名分」關係，不得稍有反抗，債主打罵處罰也都不犯法，即使殺死養子女也不過是個徒刑罪名。實際上就是一張賣身為奴的文書。另一種是立一張雇工文書，雇工期限為五年以上。按照明清時的法律，雇工在五年以上的就是與主人有「名分」關係，萬一發生互相之間的侵害行為，雙方的關係比照主奴關係確定。這種「婚書」和雇工文書都規定了身價，可是實際上這些身價往往不會實際交付，身價是用原來的債務抵消的。

## 無訟和息訟

據《史記》等歷史著作的記載，孔子曾經做過一段時間魯國的司寇，不過好像留下來的事跡不多，他本人對於這段經歷也很少提及，只是說：「聽訟，吾猶人也，必也使無訟乎？」大概意思是：主持審判我和別人也差不多，但重要的是要使訴訟不至於發生。孔子以後的儒家學者都進一步發揮這一觀點，把訴訟視為民風澆薄的表現，最理想的是社會上沒有訴訟發生，有本事的長官應該是能夠做到平息民間的訴訟，這叫做「息訟」。一方面沒有訴訟，一方面朝廷也就不用刑罰，是所謂「無刑」或「刑措」（指刑具放置一邊不再使用）。儒家的經典《尚書．皋阿謨》說「刑期於無刑」，就是這個意思。據說三千多年前的西周「成康之治」，就曾連續四十多年沒有人犯法、沒有使用過刑罰，實現過「刑措」。以後這成為儒家的最理想的政治狀況。

實際上對於民間訴訟抱有消極觀點的並不僅僅是儒家，春秋戰國時的很多學派、思想家對於訴訟的觀點也是消極的。《墨子》這本墨家的經典認為遠古時代人民各行其是，自說自話，「一人則一義，二人則二義，十人則十義」，自以為是，互相爭論不止，父子互相怨恨，百姓以水火毒藥互害，「天下大亂，若禽獸然」。於是只能立賢人為天子及各級官長，官長以天子的是非為是非、百姓以官長的是非為是非，統一意識、統一觀點，這就叫做「尚同」，「一同天下之義，是以天下治也」。每個個人連自己的思想也沒有，自然不會發生爭訟。另外墨家主張「兼相愛、交相利」，自然也不以彼此爭利進而爭訟為好事。

道家對於人間的政治、法律是持消極觀點的，最典型的如《莊子》裡說的，只要排斥了聖人、智慧，就不會有大盜；毀壞珠寶珍奇，就不會有小偷；燒掉契券、砸碎印章，老百姓就不會爭利吵鬧；折斷秤桿、劈壞升斗，老百姓也就不知道訴訟爭奪。在道家倒退的社會歷史觀裡，訴訟也是一件不好之事。

戰國時興起的法家是極端功利主義的，不怎麼注重無訟，甚至如商鞅也認為要重獎慣於揭發犯罪的「奸民」。不過法家也認為可以設法達到「去刑」。商鞅、韓非都認為儒家用的教化方法太迂闊，道家的說法太恍惚，墨家的方法太神祕，只有使用重刑威嚇民眾，輕罪重刑，「行刑重其輕者，輕者不至，重者不來」，就可以「以刑去刑」。法家的政治終極目標也是不使用刑罰，後來法家的理論在秦國得以實現，商鞅變法後，貫徹「以刑去刑」的主張，據說曾使秦國「路不拾遺，山無盜賊」。但是到了統一全國後，秦國本地的對外擴張停止，出現不少社會問題，治安也暴露出問題，西元前二一七年的一天，微行出訪的秦始皇在咸陽郊外的蘭池遇到強盜，全靠隨行的四個武士全力保駕才得以脫身。儘管秦朝法令嚴酷（據說「赭衣塞路、囹圄滿室」，實行劓刑、刖刑割下來的鼻子、斷腳裝滿一車又一車），可是刑罰的威懾力在超過了一定限度時，就失去了它的威懾力。所謂「民不畏死，奈何以死懼之」？

秦朝失敗的實踐提醒後世的統治者不能一味迷信重刑威嚇，儒家的以說教來使民間息訟，以至於無訟的說法又流行起來。據說西漢時的黃霸為潁川太守八年，郡中沒有發生過重罪案件。龔遂為東海太守，「獄訟止息數年」，好幾年沒有人打官司。朱邑任桐鄉嗇夫，從來沒有笞打過罪犯。東漢的童恢治縣，沒有人打官司，也沒有人犯罪，縣裡的監獄生滿了草。

這些小範圍的「息訟」和「無訟」的事跡大多是地方官員著力推行教化的結果。比如西漢時韓延壽每任一地的地方官，總是為當地的百姓擬訂婚喪祭祀的禮節，要官學的學生為百姓一一演示。有一次手下的一個胥吏騙了他，他非但不追究罪責，反而深深自責，說是自己推行教化不力，致使身邊的工作人員都沒能受感化。那個胥吏羞愧難當，竟然自殺以報。韓延壽擔任長安附近地方官「左馮翊」時，有一次巡視屬縣，來到高陵縣時，聽說當地有兩兄弟為爭奪一塊田產打了幾年的官司，韓延壽大為傷感，說：「我憑著一時的機遇得為一地的長官，不能宣明教化，致使骨肉爭訟，有傷風化，還連累鄉官和鄰里受辱，罪過都在我一個人。」於是他就住進招待過往官府人員的「傳舍」，不出來辦公，閉門思過。這個縣的官吏惶恐不安，只得一起離職待罪，把自己綁起來關進監獄。那兩兄弟的親戚都紛紛指責兩兄弟牽連好官，兩兄弟深深懊悔，脫了衣服、剃光了腦袋，到衙門裡自首請罪，發誓平分土地，不再爭吵。韓延壽這才出來接見兩兄弟，請他們吃飯，教導他們為人的道理。這事傳開後，屬下的百姓都互相告誡不得輕易打官司。

東漢時這種風氣更甚。比如劉矩為雍丘縣令，每當有人前來衙門訴訟，就對著當事人雙方連稱得罪，耐心勸告雙方「忿恚可忍，縣官的衙門可不能輕易進入」，據說往往使當事人感動得垂淚而回，不再訴訟。許荊為桂陽太守，屬下耒陽縣有蔣氏兄弟爭訟，官司一直打到了太守府。許荊在審判時，對著蔣氏兄弟嘆氣，說：「我承擔國家的重任，卻沒能推進教化，使得兄弟反目成仇，爭訟不已，這都是我的責任。」囑咐書吏趕緊起草彈劾自己的文書給朝廷，請求廷尉治罪。蔣氏兄弟聽了，慚愧萬分，當場和好，請許荊治自己罪。許荊乘機對他們再加教育。各縣的百姓聽說了這事，兄弟失和的都紛紛和好，不供養父母的都趕緊改正。仇覽為蒲亭長，當地有個老太太來告兒子不孝，仇覽說：「日前我經過你家，看你兒子耕作農田勤勤懇懇，房屋和田地都整整齊齊，你兒子並不是一個壞人，只是缺乏教化而已。你守寡養大兒子不容易，為什麼因為一時的憤恨就要陷兒子於重罪呢？」他勸老太太撤訴，他親自來到老太太家裡，和母子一起吃飯，耐心教導那兒子如何盡孝。後來那個兒子果然成了一個有名的大孝子。仇覽不久後被考城縣令王渙闢為掌管文書的主簿，王渙問起這事，說：「你這樣做，不是有損於官員如鷂鷹撲惡鳥般撲滅罪犯的志氣嗎？」仇覽卻回答：「我以為做鷂鷹不如做能化導百鳥臻於吉祥的鳳凰。」

後世仍有很多官員模仿這些著名的循吏，耐心說服百姓不輕易打官司的事例。比如明朝時，趙豫為松江太守，每逢受理案件時，總是勸告當事人冷靜回家想一想，實在忍不下的，第二天再來起訴。松江人傳為歌謠「松江太守明日來」。清朝的黃六鴻在他所著《福惠全書》中說：「民之有訟，出於不得已而告官；官之聽訟，亦出於不得已而後準。皆非樂於有事者也。」起訴的和裁判的都是出於「不得已」，因此真的值得一判的案件「百無一二」，都只是出於一時性起而已，只要好言好語地勸解一番，自然就可以讓雙方和解息訟。

上述的這些事例總有一點虛偽作假的味道，都像這樣來息訟，非得把法官累死不可，所以到了唐以後，索性在法律上限制民間的起訴。除了重大的刑事案件外，唐朝法律就一年中「戶婚田土錢債」之類民事糾紛規定起訴的時間，限定在每年的十月一日至來年的二月三十日這五個月內，這叫做「務開」。到了三月一日，就算是「入務」，不得起訴。宋朝法律對此稍加調整，「務開」期縮短為十月一日至來年二月一日的四個月。明朝法律裡雖然沒有明文規定，可是各地的官府都有自己的「土政策」，規定只有在特定的「放告日」或「詞訟日」裡才可以起訴。詞訟日一般是每月的逢三、逢六、逢九的日子，這樣一來，一年裡能就民事糾紛起訴的日子最多不過百來天，比唐宋時還要少。清朝仿照唐宋制度，每年的四月一日至七月三十日為「止訟」期，在衙門口樹起

「農忙」、「止訟」的大牌子，民事方面的糾紛一律不得起訴，而且在其餘的日子裡仍舊沿襲明朝的詞訟日慣例，每月的三、六、九才可起訴。到了晚清更有很多地方再減少到每月的三、八兩日為詞訟日，一年才四五十天的日子允許民間打官司，自然是把息訟的實效大大推進了一大步。

還有一個息訟的辦法是將民間糾紛的處理權限下放到基層去，由民間機構加以調解「和息」。如元朝在各地鄉間設立村社，由村長、社長主持調解民間的糾紛。明初各地設「申明亭」，由德高望重的鄉間長老主持，可以調解糾紛，甚至還可以責打有過者，沒經申明亭調解的糾紛都不得起訴。明中期又推廣「鄉約」，也以調解糾紛為一項重要內容。明清時，各地宗族勢力強大，本族內部糾紛不經宗族調解是不得起訴的。即使是起訴後，有關婚姻、繼承等等的糾紛一般都批回原宗族「公議」。明末清初的思想家也大多以為恢復西周的宗族制是治理天下的最好辦法，如顧炎武在《日知錄》中說最理想的是「一家之中，父兄治之；一族之中，宗子治之」。總體原則是「民不見官」為最好。

另一個不那麼正宗的息訟辦法是，法官在裁判時不要將罪責和權利判得太明確，免得敗訴的一方心理不平衡，以後再次起訴，纏訟不已。明朝時海瑞在他的《淳安政事》中提到當時官場上流行的「四六息訟法」，即給勝訴方六分理，也給敗訴方四分理，曲直相差不遠，給雙方留下餘地。海瑞自己是最痛恨這種和稀泥的裁判方式的，他說這就是孔子所說的「鄉原」，是「德之賊也」。

對於儒家傳統的無訟、息訟之說，歷代都深信不疑，敢於提出疑問的只有這麼幾位。一個是明初的名臣劉基，他在自己的書裡寫到：他到以「息訟」、「簡訟」聞名的縣裡去，就像古書裡所寫的一樣，衙門的台階上長滿了野草，公案上積滿了灰塵，可是鄉間卻是強梁橫行，怨聲載道。問百姓為什麼不去告狀，老百姓回答說，都是因為官府不肯受理訴訟。上級前來巡視，百姓們紛紛喊冤，上級卻認為當地官員能夠不生事端，是個好官，只是這裡的百姓太刁蠻，駁回起訴。於是老百姓再也不願告古代檢驗屍體所用的「正背人形圖」狀，民間的怨氣鬱積心頭，積為鬥殺、積為盜賊，會釀成大災禍。明代的政論家丘浚在他的《大學衍義補》一書中也說一味地息訟，民不能訟於官，就將訟於天，激怒了上天，上天就會降下災禍，天下就要大亂。正面批駁孔子無訟論的，是清代的經學家崔述。他專門寫了《爭論》、《訟論》，論證爭訟是人類社會不可避免的現象，就是像堯舜那樣賢明的君主統治的時代也沒有真正消滅訴訟，更何況是後世凡人法官？強調無訟只不過是便宜了那些有權有勢、無須打官司就可以巧取豪奪的惡霸，逼迫良民百姓忍氣吞聲，任人宰割。

無訟、息訟的理論和實踐並不僅僅是因為儒家那「和為貴」或中庸之道的人生哲學，更直接的是因為中國古代司法的性質，就像本書已經多次提到的那樣，中國古代的法律是皇帝的一家之法，是皇帝統治臣民的工具，並不是為了要裁斷民間的是非。各級官府的首要任務是維持統治，防止民眾犯上作亂。如果不加選擇地接受民眾的訴訟申請，就會使官府陷於「小民細事」的事務堆，擾亂官府的正常工作。所以訴訟被視為是對官府的干擾，必須要想辦法來「息訟」。

歷代的這種所謂的「息訟」政策實際上也沒有能夠抑制民眾提起訴訟的積極性。既然官府只注重重大刑事案件，為了獲得在民事糾紛中的優勢地位，很多當事人就習慣於「駕詞告訟」，把錢債糾紛說成是強盜搶劫，把地鄰衝突說成是人命案件；既然是官府極力減少起訴的機會，民間就習慣於抓緊一切可以起訴的機會，把長期累積的糾紛集中起來訴訟，將久遠的糾紛反覆起訴。因此再翻一下各地的地方志，就可以發現很多地方都有「纏訟」、「刁訟」、「健訟」的風氣，尤其以江蘇、浙江、江西、湖南等地最為顯著。在清代，這種地方的地方官每一次「聽訟日」會收到成百上千張狀子，地方官最多只能受理其中的百分之一二，即便如此，一年下來累計處理的案件也要有上百件，甚至上千件，遠遠超過現代法官一年處理的案件數量。

## 勘驗

在雲夢秦墓出土的竹簡裡的「封診式」部分中，有很多是關於案件發生後的勘驗現場筆錄。比如有一件的標題是「穴盜」：有人報案，說遭遇「穴盜」（牆壁挖洞進入室內盜竊），於是地方官府由一名「令史」帶領一些「牢隸臣」到達現場。他們仔細勘驗了現場，並且做好記錄：牆壁的厚度，挖洞形成的土堆，洞的大小，在牆內外留下的手印和腳印，打開的箱籠的位置等等。還仔細觀察了鞋印，記錄下鞋印所反映的鞋底樣式和磨損程度，並將主人的鞋進行了比照。詢問鄰居是否曾經聽到什麼動靜。在逐一記錄了主人所說的被盜物品後，又到鄰居家詢問，是否看見過主人的這些物品。另一件的標題是「自經」（上吊自殺），也詳細記錄了報案的經過，現場的痕跡，屍體的位置，在放下屍體時的動靜，死屍脖頸上的索溝痕跡。在「出子」（婦女流產）的記錄中，除了現場勘驗的記錄，還有由「牢隸妾」（官府女奴隸）進行的婦女身體檢查的記錄。這些記錄表明，早在兩千多年前中國已經有了完善的勘驗制度。

以後現場勘察、屍體檢驗一直是歷代司法制度的重要制度。比如宋朝有專門的「檢屍條令」，規定一切非正常死亡的屍體都必須經過官府檢驗，地方官府由縣尉主持檢驗屍體，在報案後必須兩個時辰內出發趕往陳屍現場，否則要以「違制罪」懲處；經過檢驗仍然不能得出死因結論的，也要處杖一百。到了明清時期，法律明確規定，要由地方長官「正印官」（知縣、知州）親自前往主持驗屍，不親臨現場的，處杖六十，折合為行政處分；接到報案後沒有立即出發的，延遲一天降一級調用，延遲兩天降三級調用，延遲三天或者謊稱親臨檢驗的，革職罷官。發生強盜、搶奪案件的，接到報案後必須「不論遠近、無分風雨」，會同駐軍長官「飛赴事主之家」。

長久以來嚴密的檢驗屍體的制度及其實踐，使中國古代的司法界累積了豐富的檢驗屍體的方法，以及判斷死亡原因的經驗。這些經驗在宋代被歸納總結成書，用以指導各級官府檢驗屍體。這就是世界上第一部系統的法醫學著作《洗冤集錄》。

《洗冤集錄》的作者是南宋法官宋慈，他長期擔任司法官職，曾經先後任四路的提點刑獄，累積了豐富的檢驗經驗。他根據長期的實踐，並總結歷代的經驗，寫成這部不朽的法醫學著作。在書的前面他抄錄了當時有關檢驗屍體的一系列法律制度，可以看到當時的制度已經相當嚴密，檢驗時要按照官府印行的「檢驗格目」（後世簡稱「屍格」）順序逐一檢驗，逐格填寫身體各部位有無傷痕。宋慈在書中逐一敘述了各種檢驗屍體的方法以及判斷死亡原因的方法，很多內容都是相當科學的。比如他已經發現了屍體的屍斑現象，提醒檢驗時不能將屍斑視為傷痕。他注意到了可以根據屍體的腐敗程度來推斷死亡時間，並且要按照季節不同而加以調節。他還發現了生前傷和死後傷的區別，發現了生前被燒死和死後被焚屍的不同之處。《洗冤集錄》以後成為歷代司法官員檢驗屍體的權威性著作，元明清三代的官府都依照它的說法來判斷死亡原因。

不過需要提醒讀者的是，古代的官員只是主持檢驗屍體，他們並不親自動手去翻弄檢驗屍體，真正接觸屍體的是「仵作」。在宋代，「仵作」是殯葬業者的統稱（也有的地方叫做「團頭」，比如《水滸傳》裡為武大郎驗屍的團頭何九叔），他們平時的工作就是替死人洗身穿衣，當官府需要檢驗屍體時，就要求這些人承擔這項差役，按照屍格開列的順序，逐一仔細檢查屍體，並大聲喝報有傷無傷，由書吏逐一填寫在屍格上。官員在旁監視，在有疑問或發現致命傷的情況下，才需要上前親自觀察。明清時仵作已是衙門裡專職的驗屍衙役，一般州縣都有兩到三名仵作，世代傳襲這門職業。

由於中國傳統以保持屍體完整為尊，而動手檢驗屍體的仵作又是賤役，因此檢驗屍體往往被看做是對於死者的褻瀆。明清的法律規定：允許因自殺、意外事故而死亡者的親屬，或在監獄病死者的親屬，以及被強盜殺死的受害人（事主）的親屬（苦主）申請免除檢驗屍體。但是凡控告殺人罪的就必須要經過屍體檢驗，不得申請免檢，以防止訛詐。明萬曆九年因此發生了一起轟動全國的復仇案件。浙江武義縣人王世名，十七歲時父親與族侄王俊為了房產糾紛發生爭吵後被王俊打死。王世名表面上同意和王俊「私了」，接受了王俊賠給的幾畝地，聲稱父親死於意外，向當地官府申請「免檢」屍體。可在安葬了父親後。他日夜帶著刻有「報仇」二字的匕首，將每年從王俊所賠田產上收穫的租穀都另外記帳。在以後的六年裡，王世名考中秀才，娶了妻子，有了兒子，於是他對母親和妻子說：「我們王家有後了，我可以死了。」他在路上截擊王俊，砍下王俊的腦袋，帶上王俊所賠田產的收穫帳簿到縣衙門自首。武義縣的陳知縣詢問了情況後說，「這是大孝子，怎麼可以關押收審」，把他請到公館裡休息，並向上級金華知府報告自己不願審理此案。金華知府派出金華知縣汪大受前來審理，汪大受對王世名說：「我檢驗一下你父親的屍體，如果有傷，你就沒有死罪。」王世名回答：「我就是為了不褻瀆父親的遺體才忍受至今，我情願一死也不願父親遺體受辱。」汪大受要他回家辭別母親，同時派人起出王世名父親的棺材打算驗屍。王世名趕回衙門，以頭撞牆，阻止驗屍。汪大受只好停止驗屍，向上級報告，請求不驗屍就以復仇結案。王世名說：「這是違法的事，違法就是目無君上，怎麼還能活命？」他就絕食自殺。王世名死後，他的遺孀俞氏撫育兒子至三歲，也自殺殉夫。明朝廷為此下詔，表彰其家為「孝烈」。王世

名後來被記載入官修的正史《明史．孝義傳》，他的故事還被廣泛改編為戲曲、小說到處流傳。

## 刑訊逼供

大家大概都知道，勸秦始皇下焚書令的李斯，後來自己也死得很慘。在秦始皇暴斃後，是他和趙高密謀，擁立胡亥為秦二世皇帝，可是後來他又和野心勃勃的趙高發生矛盾，被趙高誣衊為「謀反」，關入大牢，「榜掠千餘」，李斯迫不得已，只好認罪。按照當時的法律，刑訊場影這樣的案件要經過皇帝派出的使者的覆審才能定案，李斯滿心希望能夠在秦二世派使者來覆審的時候翻案，可是趙高比他更精明，預先派了太監冒充秦二世的使者前來覆審，李斯不知有詐，喊冤翻供，結果是招來一頓毒打。反覆幾次後，李斯不敢翻供，結果在真的秦二世使者來覆審時，還是認了這個死罪罪名，終於逃不脫被「具五刑、夷三族」的下場。

李斯屈打成招的冤案在中國古代、乃至在世界古代法制史上都具有典型意義。中國古代法律認定一個人自己招供認罪是比什麼都要過硬的證據，這在中國古代稱之為「案以招定」。至晚從唐朝起。每個被告被定罪時都必須在一張「服辯」上簽押，服辯的原意是「服罪則服，不服則辯」，可是後來的理解就是「服而不再辯」，成了一張認罪書。有了這張認罪書才可以正式定案。《阿Q正傳》最後的「大團圓」，阿Q糊裡糊塗被抓了起來，過堂時當官的要阿Q在一張紙上畫圖，那就是在服辯上畫押認罪，結果阿Q就被拉出去「咯嚓」了。

要被告認罪，最簡單的辦法就是動用刑訊逼供，古代俗語「人是苦蟲，不打不招」，說的就是這個意思。從出土的西周青銅器銘文來看，在西周時就已有了刑訊逼供的案件。在雲夢出土的秦簡裡有關於審訊的制度，其中提到刑訊應該是審訊的最後手段。

為了防止濫用刑訊，從漢代起就有了一些限制刑訊的制度。漢初曾規定，刑訊只能採用「榜笞立」，榜和笞都是用竹條或竹板抽打，立或許是逼迫被告站立。後來在南朝時，這一制度發展得更為完善：不肯認罪的被告要「受測」，做法是將被告抽打二十鞭子、三十下竹板，然後給被告戴上枷、（套在手上的戒具），強迫他站在一個高一尺的圓頂土堆上，土堆的頂部勉強容納兩只腳。被告站滿兩個時辰才可以放下來，隔上幾天再來一次，如果被告能夠咬緊牙關不招的，就無法正式定罪，只能作為「疑罪」，要他拿出錢財來贖罪。士大夫、官員犯罪可以不受這種立測，改為斷食：關在監獄裡，不給飯吃，每一百五十刻（古代每一百刻為一晝夜）給一升粥喝，滿一千刻不招，可以作為無罪釋放。

和南朝對立的北朝，也設法限制刑訊，只是制度沒有南朝這般複雜。北魏規定刑訊拷打不得超過四十九下。後來的隋唐法律就沿襲了北朝的這一制度，如唐朝法律規定，拷打的次數不得超過三次，每次的間隔應在二十天以上，總體拷打數目不得超過兩百下。挨過了這些拷打仍然不認罪的，除了傷害、偷盜之類的重罪外，一般的輕罪罪名就算是無罪，說明原告是誣告，要按照被告所受拷打的數目「反拷」原告。法官非法拷打被告造成被告死亡的，要處徒二年的刑罰，如果是有意拷打致死的要按殺人罪處罰。清代的壓槓逼供可能是因為唐朝法律對於刑訊限制過嚴，不利於破案，後來的法律對於拷打數目不再有這樣的明確規定。明太祖相信古人所說的「荊能去風」，以為用荊條抽打不會導致破傷風，下令審訊時只能用荊條，可實際上絕大多數衙門使用的是竹板。明太祖親自指揮的特務機構錦衣衛可以使用「夾棍」，這是從宋元時酷吏所用的非法酷刑「夾幫」、「超棍」發展而來的。夾棍又稱為「三尺木」、「檀木靴」，是用繩索抽緊三根硬木棍夾受訊人的踝骨、或小腿、或膝蓋，每抽一次為一夾。後來夾棍成為明清時審訊強盜、殺人之類重罪案件的標準刑具，按照法律每次審訊只能夾兩次，但是往往採用夾緊後不再放鬆，或者再用木榔頭敲擊，或者在夾棍的凹坑裡放上一些碎石子來加重受訊人痛苦的方法逼供。對於婦女，除了用小竹板抽打外，還使用「拶指」，這是用五根小木棍夾受訊人的四根手指。和夾棍一樣，拶指只能用兩次，當然酷吏們會用緊夾不放，再用木榔頭敲擊的辦法來逼供，還給這種殘酷行罰取了一個很詩意的稱呼，叫做「玉女穿梭」。

清朝的刑訊手段比明朝要多。法律允許的刑訊手段除了上述的這些外，又清酷刑逼供加上了「掌嘴」：打耳光，往往使用皮掌或竹掌為刑具；「壓槓」：要受訊人跪下，腿彎上擱一根木槓，由兩個皂隸站上去使勁往下踩，再進一步的發展是在受訊人膝蓋下加一塊搓板似的有棱板，再把受訊人的兩手綁在一個十字架似的木架上，這叫做「天平架」。另外的刑訊手段是「跪鏈」，要人跪在盤起的鐵鏈上。還允許用藤鞭抽打。

人們在受刑時身體和精神上都受到巨大的摧殘，一般人很難咬緊牙關挺過去。西漢時有個叫路溫舒的上書漢武帝，揭露當時濫用刑訊。人的忍耐力畢竟是有限的，實在痛不欲生，只得承認被強加的罪名，「捶楚之下，何求而不得？」結果是造成大批冤案。

雖然歷代法律上有明確的制度，但是大多只規定刑訊中「邂逅」（非故意的意外

事件）致受訊人死亡的最多只是兩年徒刑，而且一般都折合為行政處罰（罰俸、降級等），被害人的親屬要證明被害人是被故意打死的又很困難，所以各級法官都往往濫用名目繁多的酷刑逼供，甚至在找不到線索的情況下將嫌疑人活活打死算數。這樣，刑訊制度不能造成作用，酷刑卻屢禁不止。晚清的站籠漢代即有「考掠五毒」（或作「拷訊五毒」）的說法，指當時刑訊普遍使用的鞭、箠、灼、徽、纆纆纆，除了鞭打外，灼是拿燒紅的烙鐵烙燙受訊人。後兩種都是使用繩索捆綁逼供的方法，纆（兩股繩）和徽（三股繩）都是粗井繩，紮緊捆綁罪人時即成為逼供的手段。不過具體的捆綁手法還搞不清楚。以後還有使用種種戒具來壓迫、拘束受訊人身體進行逼供的。最著名的是唐代武則天當政時酷吏來俊臣創設的用十號「大枷」逼供。這種大枷分別號為「一、定百脈，二、喘不得，三、突地吼，四、著即承，五、失魂膽，六、實同反，七、反是實，八、死豬愁，九、求即死，十、求破家」，從這些名稱來看，這十號大枷都是極為沉重的戒具，並「以鐵為冒頭」，壓在人的脖子上，使人渾身發麻，呼吸困難，求生不得，求死不能。宋元時期的酷吏往往使用「腦箍」（在受訊人腦袋上繞上粗繩，絞緊粗繩進行逼供）。清末推廣使用的最殘酷的刑訊手段是「站籠」。這是一個木頭籠子，頂部開著正好卡住人脖子的圓孔，人關在裡面只能踮腳站立，否則就會被那個卡脖子的圓孔卡得透不過氣。一般人站個一兩天就會被累死。清末的酷吏毓賢在任曹州知府時，僅兩個多月就「站」死了三百七十多人。這已經是在殘殺而不能說是在刑訊逼供了。城旦舂城旦與舂為同一種刑罰，因受刑者性別不同而異，男為城旦女為舂。城旦所服勞役主要是「治城」，即從事修築城牆之類的重體力勞動，所以築城築牆的事役，便是城旦的主要刑具。舂所服勞役主要是舂米，對於女子來說也是重體力勞動，舂米的工：具是杵臼，我想杵臼當是舂這種勞役刑的刑具。但在實踐中，城旦舂也從事其他勞動。秦國的《倉律》有「城旦之垣（築牆）及他事與垣等者」，說明城旦可以干其他像築牆一樣繁重的活兒，還有城旦「守署及為他事」、「城旦的安事」。《秦簡．工舂米是對女犯刑罰的一種，秦朝即有人程》所載還有「城旦與工從事者……」這說明城旦還可以從事勞動強度低於治城的其他勞動。城旦服勞役一般是在拘繫看押狀態下進行的。秦簡《司空律》規定：「城旦舂衣赤衣、冒赤，枸卡大之。」這是要求城旦舂服勞役時穿紅色囚衣，戴與常人不同的紅色氈巾，還要戴木枷、黑索和頸鉗。這裡的「赤衣」、「赤」、枷、鉗當是這種勞役刑的附加刑具。但有時「守署」或「為安事」時，又是比較自由的。看管城旦舂除了有司空系統的官吏外，還有「城旦司寇」。按秦《司空律》規定，每二十名城旦舂須派一名城旦司寇看管。有時城旦司寇人手不夠，可以從那些已服城旦勞役三年以上的犯人中選拔勝任者擔任城旦司寇。

秦漢時勞役刑一般都可附加體刑。城旦可以附加黥、劓、斬左趾、髡等。如秦律規定：「擅殺子，髡為城旦舂。」漢代樂侯義因犯指使他人殺人罪，被判髡為城旦；汾陽侯周意因犯行賄罪被判髡為城旦。有時城旦刑還可附加兩種肉刑，如《秦簡．法律答問》：「不盈五人，盜過六百六十錢，黥劓以為城旦。」黥、劓、髡刑須用刀，所以這裡又引出了刀這種附加刑具來。

## 鬼薪白粲

這種刑罰輕於城旦舂，也有男女之別，男為鬼薪，就是為宗廟祠祀鬼神而上山砍柴；女為白粲，即為祠祀擇米。鬼薪白粲有時也從事其他勞動。如秦《倉律》有「白粲操土工」，說明白粲可以從事修城築牆等土木工程中的工作。出土秦銅戈上有「工鬼薪」的銘文，說明鬼薪還可以充當鑄造兵器的工匠。鬼薪白粲也可附加體刑。如漢離石侯綰因犯上疏欺誑罪，被耐為鬼薪；成侯董朝為濟南太守與城陽王女私通，被耐為鬼薪。耐是剃去犯人鬢、須之刑，耐須用刀，所以此勞役刑也得用刀這種附加刑具。

## 隸臣妾

也即男為隸臣，女為隸妾。隸臣妾可以從事多種勞動。從秦律規定看，可以做工、種田、築牆。牢隸臣還可以參與驗屍、捉拿犯人等活動。誠實可靠的還可以派去送信。隸臣妾也可附加體刑。《秦簡》有「黥顏為隸妾」、「刑為隸臣」。漢代武陽侯蕭勝犯當祠而不齋罪被耐為隸臣，襄城侯韓釋之因犯詐疾不從君命罪，也被耐為隸臣。受耐刑須用刀，刀便是隸臣妾的附加刑具。

隸臣妾不同於城旦鬼薪的一個突出特點是可以贖免，而城旦鬼薪在秦則不能贖免。隸臣斬敵首得爵，可以爵贖免，其子有爵也可以二級爵贖免父或母的隸臣妾身分。但是，從事某種特殊職業的卻不得贖。如秦律規定：「女子操紅及服者，不得贖。」這實際上宣布了她們將終身為國家奴隸。

## 司寇

據《漢舊儀》：「司寇男備守，女為作如司寇。」司，就是察，古無伺字，實際司就是伺察。司寇所服勞役主要就是「伺察寇盜」，有時可以監率城旦舂服勞役。秦代對司寇服勞役有禁止性規定，如「不得為官府佐史及禁苑憲盜」，不得為人「僕、養」。司寇也可附加體刑。如耐為司寇，漢代對王侯用此刑較多。如楊丘侯偃犯出國界罪耐為司寇；衍侯翟不疑犯挾詔書之罪，耐為司寇。其他如終陵侯華祿、深澤侯趙修、吳房侯楊去疾等都被耐為司寇。受耐刑須用刀，刀便是司寇這種勞役刑的附加刑具。

## 刑徒、復作

刑徒、復作是兩漢軍屯勞動力中的一部分。《漢書．趙充國傳》載：「願罷騎兵，留弛刑應募，及淮陽、汝南步兵，與吏士私從者，合凡萬二百八十一人」屯田。趙充國在奏疏中把弛刑（即刑徒）名列首位，反映出刑徒在屯田中地位的重要。《後漢書．郡國五》注引應劭《漢官》言：「建武二十一年，始遣中郎將馬援、謁者，分築烽侯，堡壁稍興……乃建立三營，屯田殖谷，弛刑謫徒以充實之。」馬援屯田主要是用刑徒。《後漢書．西域傳》言：安帝時「以班勇為西域長史，將弛刑五百人西屯柳中」。班勇屯田全系弛刑。漢簡中刑徒、復作屯田戍邊服勞役刑的材料更是俯拾皆是：

　延四月旦見徒復作三百七十人，□六十人付肩水部二遣吏迎受。

通元康二年五月癸未，以使都護檄書遣尉丞，赦將杝刑士五十人送至將軍口發。

□玉門屯田史高稟放田七頃，給予弛刑十七人。

由上可知，弛刑屯土、刑徒復作是兩漢軍屯系統中一部分重要勞動力。

## 候

這是輕於隸臣妾的一種勞役刑。秦《除子弟律》規定：「當除弟子籍不得，置任不審，皆耐為候。」候是屬於內史管理的勞役刑犯人，他們不得為官府佐史及禁苑憲盜。這種勞役刑也可以附加體刑，如「耐為候」等，耐需用刀，刀當是候這種勞役刑的附加刑具。漢以後未見此種刑罰。

## 下吏

秦漢時期，把原有一定地位的人交給司法官吏審查處理稱為下吏。如秦時趙高誣陷李斯欲反，二世便下吏治李斯之罪。可見下吏是一種刑罰。下吏可以從事「工作」，可以干與城旦一樣繁重的勞動。他們服城旦勞役時要穿紅囚衣，戴械具及紅頭巾，還要受人監管。由於這些人過去曾為官吏，所以他們不得為官府佐史及禁苑憲盜，即使「能書」，也不得「從史之事」。下吏也可附加耐刑等體刑，所以下吏也有附加刑具刀。漢代以後再未見下吏這種刑罰。

漢初文帝改革刑罰制度，對勞役刑實行「有年而免」，也就是把過去的不定期的由皇帝隨時決定的赦免變為定期的免除。據《漢書．刑法志》載，初定城旦舂為五年，鬼薪白粲為四年，隸臣妾三年，司寇二年。但這時勞役刑仍然主要不足以年歲區別輕重，而是主要以勞役種類為標準。這樣相互區別的不同種類的刑罰又有年限長短的差別。一般的情況是較重的勞役刑，經過一年或幾年改為較輕的勞役刑，如城旦改為鬼薪；再由較輕刑罰免為庶人，如司寇免為庶人。後來，又經過進一步修改，城旦改為四歲刑，鬼薪改為三歲刑，司寇二歲刑，另有罰作一歲刑。

曹魏勞役刑除運用勞役種類、服勞役年限長短這兩個標準之外，還把漢代髡鉗城旦舂中的髡鉗作為另一種標準。按是否髡鉗，勞役刑分為髡刑、完刑與作刑三種。按勞役種類分，髡刑中沿用以前城旦、鬼薪等名目。按年限分，髡、完、作刑又都以時間長短分等。這是由以勞役種類為劃分標準的勞役刑到以時間長短為標準的勞役刑的過渡時期。據《唐六典》記載：晉代「髡刑有四，一曰髡鉗，五歲刑，笞二百；二曰四歲刑，三日三歲刑。四日二歲刑」。這裡除了保留髡鉗之名並對髡鉗五歲刑加笞二百之外，勞役刑基本上變成了以年限長短為標準的刑罰。到南北朝時期，梁律刪除髡鉗之名，分為五年、四年、三年、二年四等。這樣，勞役刑完全變成了以時間長短為標準的刑罰。所以，這個時期人們也把勞役刑稱為「年刑」，亦即後來的徒刑。

徒刑之名最早出現於北周。北周《大律》規定：「徒刑五：徒一年鞭六十笞十，徒二年鞭七十笞二十，徒三年鞭八十笞三十，徒四年鞭九十笞四十，徒五年鞭一百笞五十。」徒刑的主刑具主要是時間，但也引出了鞭、杖這兩種附加刑具來。隋統一中國後，沿北周徒刑之名，但把徒刑期限縮短，每半年一等，從一年到三年五等，而且廢除了這種「一罪二刑」之制。唐沿隋規，只罰服勞役而不加鞭杖。宋初又創造了一種折杖法，使徒刑犯人可以不服勞役只決杖即可放免，且規定徒刑一年脊杖十三，一年半脊杖十五，二年十七，二年半十八，三年二十。但金、元以後又實行對徒刑犯人加杖的辦法，也就是恢復了南北朝時期對徒刑犯人加鞭笞的制度。如元代徒刑一年杖六十七，一年半杖七十七，二年八十七，二年半九十九，三年一百〇七。明清徒刑五等，從一年到三年分別杖六十至一百不等。由上觀之，徒刑加附加刑具的情況占絕大多數，這說明歷代統治階級的殘忍意識大於慈善心腸，狠毒多於憐憫。

從明代對勞役刑規定的情況看，封建社會後期徒刑犯人服勞役的種類很多，而且規定特別詳細。如修砌城垣、街道，蓋房，運糧，挑土、磚、瓦等，種樹，為膳夫，煉銀，煎鹽，炒鐵等。明代還有專門的《準工則例》，其中修房的條文規定：「每徒一年，蓋房一間」；挑土並磚瓦（每天）附近三百趟，每擔重六十斤為準；半里路兩百擔，一里一百擔，二里五十擔，三里三十五擔，四里二十五擔，五里二十擔，六里十七擔，七里十五擔，八里十三擔，九里八擔，十里十擔；打牆每天每人牆高一丈，厚三尺，闊一尺，以就地取土為準。可見，這些規定不但細緻，而且殘酷。

徒刑，在中國歷史上用的時間最長，直至今天仍照用不誤。這種刑罰跨奴隸社會、封建社會直到現在，可見它的生命力之強，而且應用面愈來愈廣，受刑人越來越多，實非國民之福也。

# 歷代刑法

## 宮刑

亦稱腐刑、下蠶室、陰刑，即破壞男女罪人生殖器官和生殖功能的酷刑，男為去勢，女為幽閉。宮刑作為一種僅次於死刑的殘酷刑罰，在夏商以後一直到南北朝時期一直長期存在，直到隋朝才正式廢除，不再作為常用刑罰使用。

## 大辟

大辟是死刑的總稱。夏商以後，作為極刑的死刑方法很多，如梟首、車裂、棄市、腰斬、戮、醢、脯等等，均極為殘酷。

## 笞刑

分五等，由笞十至笞五十，每等加笞十；

## 杖刑

分五等，由杖六十至杖一百，每等加杖十；

## 徒刑

分五等，由徒一年至徒三年，每等加徒〇點五年；

## 流刑

即流放，分三等，由兩千里至三千里，每等加五百里；

## 死刑

分斬、絞二等。

## 刺配

是一種集墨刑、流刑、徒刑等數刑於一身的刑罰，即在罪人額頭或面部刺字，杖擊並發配邊遠地區服勞役，重於流刑。刺配之刑為五代後晉天福年間創設，宋朝監行，遼、金、元、明、清皆沿用。充軍是一種將犯罪人押解到邊遠地區補充軍伍罰作苦役的刑罰，輕於死刑，重於流刑，首定刑名於明朝。明時充軍分為極邊、煙瘴、邊遠、邊衛、沿海附近五等，從四千里到一千里不等，充軍者均附加杖刑一百。同時還分終身充軍和永世不得開釋兩種，前者適用於犯罪人終身，後者則在本人死後，仍應由子孫頂替服役。清代充軍也分五等，最近兩千里，最遠四千里。

## 發遣

即將犯罪人發往邊疆蠻荒之地種地或為駐防官兵為奴，較充軍為重。清朝時使用最為廣泛。

## 梟首

即將犯罪人斬殺處死以後懸首示眾。在秦漢及三國兩晉南北朝諸代刑律中都把梟首作為正式的死刑刑名，隋文帝時廢除，但自宋特別是明清以後又在一些條例中恢復此刑。在清代，梟首多適用於「強盜」犯罪。

## 戮屍

清朝時適用於「謀反」、「謀大逆」、「謀叛」以及「強盜」等重案罪人在執行死刑前監斃或死亡者，因為此類案犯罪大惡極，不能因其死亡而逃脫極刑，故仍屠戮其屍。其中謀大逆之案不僅戮屍，還要剉首揚灰，以儆示他人。

## 凌遲

中國古代各種殘酷的刑罰中，最慘無人道的莫過於凌遲。凌遲，原來寫作陵遲，本意指山丘的緩延的斜坡。荀子說：「三尺之岸，而虛車不能登也。百仞之山，任負車登焉。何則？陵遲故也。」意思是指，三尺高的陡坎，車子便拉不上去，但百仞高的大山因為有平緩的斜坡，車子可以一直拉到山頂。後世將陵遲用作刑罰的名稱，僅取它的緩慢之義，即是說以很慢的速度把人處死。而要體現這種「慢」的意圖，就是一刀一刀地割人身上的肉，直到差不多把肉割盡，才剖腹斷首，使犯人畢命。所以，凌遲也叫臠割、剮、寸磔等，俗語所謂「千刀萬剮」，就是指的凌遲。

這種把活人零刀割死的做法早就有了。南朝宋後廢帝劉昱曾親手將人臠割。北齊文宣帝高洋也常常用臠割的手段來殺人。唐中期安史之亂時，顏杲卿抗擊安祿山兵敗被俘，與袁履謙等同時被零割。但將凌遲作為正式的刑罰，人們大都認為始於五代。陸遊說：「五季多故，以常法為不足，於是始於法外特置陵遲一條。肌肉已盡，而氣息未絕，肝心聯絡，而視聽猶存。」但在五代時。已有人意識到凌遲之刑過於殘酷，主張廢棄不用，如後晉開運三年（九四六），竇儼奏稱死刑宜只保留斬、絞二種，而「以短刀臠割人肌膚者」，應當禁止。後晉出帝石重貴准奏，不再使用凌遲之刑。

北宋開國之初，力糾五代弊政，仍然禁止凌遲之刑。宋太祖時頒行的《刑統》，規定重罪應使用斬或絞，沒有凌遲。宋真宗趙恆時，內官楊守珍巡察陝西，督捕盜賊，擒獲賊首數人，他請示朝廷，擬將他們凌遲處死，用以懲戒凶殘的人。真宗下詔，命令將俘虜轉送有司衙門，依法論處，不准對即將被執行凌遲的犯人使用凌遲。到了神宗熙寧、元豐年間，才正式將凌遲列為死刑之一。《通考．刑制考》說：「凌遲之法，昭陵（宋仁宗陵號）以前，雖凶強殺人之盜，亦未嘗輕用，熙豐間詔獄繁興，口語狂悖者，皆遭此刑。」如熙寧八年（一〇七五），沂州百姓朱唐告越州餘姚縣主簿李逢謀反，李逢在被捕後受審時，供詞中又牽連了秀州團練使世居和醫官劉育等，朝廷詔令有司審理此案，結果，李逢、劉育和河中府觀察推官徐革都被凌遲處死。到了南宋，《慶元條法事例》更明確地把凌遲和斬、絞同列為死刑名目，這樣的規定一直延續到明清。

凌遲在宋代通稱為剮，景德年間，御史台曾審問殺人賊犯，定案之後，知雜王隨請「臠剮之」。「剮」字原作「冎」，即「骨」字去了「月」（肉），其形狀像人的頭顱骨。《說文解字》解釋說，其義為「剔人肉，置其骨」，這正是零刀割人的意思。「剮」又作「」，明朱國楨《湧幢小品》卷十八「字義字起」一節云：「貞元中，宣武兵變，執城將之。」並註解說，另，即「剮」字也。可見，「剮」的含義早已明瞭，只是到了宋代它成了凌遲的代名詞而更加為人所熟知而已。這種情形，也常見於小說中的描寫。《水滸傳》第二十七回寫教唆潘金蓮害死武大郎的王婆被東平府尹陳文昭判為「擬合凌遲處死」，之後寫道：

大牢裡取出王婆，當廳聽命。讀了朝廷明降，寫了犯由牌，畫了供狀，便把這婆子推上木驢，四道長釘，三條綁索，東平府尹判了一個「剮」字，擁出長街，兩聲破鼓響，一棒碎鑼鳴，犯由前引，混棍後推，兩把尖刀舉，一朵紙花搖，帶去東平府市心裡，吃了一剮。

由於宋代使用凌遲之刑較為常見，所以民間在對仇人進行報復雪恨時，也仿照作為官刑的凌遲把人臠割至死。如《水滸傳》第四十一回中李逵割黃文炳的一段描寫：（李逵）說：「今日你要快死，老爺卻要你慢死！」便把尖刀先從腿上割起，揀好的就當面炭火上炙來下酒，割一塊，炙一塊。無片時，割了黃文炳，李逵方才把刀割開胸膛，取出心肝，把來與眾頭領做醒酒湯。

從上面所引《水滸傳》中的兩段文字，可以看出宋代凌遲在執行時的大概情形，這和《宋史．刑法志》中所說的「凌遲者，先斷其支體，乃抉其吭」的做法是基本一致的。

元代法律規定的死刑有斬首而無絞刑，對那些惡逆大罪又規定可以凌遲處死。元代凌遲執行時的情形與宋代相似，如元雜劇《感天動地竇娥冤》中，竇娥的父親竇天章覆審冤案，宣判說：「（張驢兒）毒殺親爺，奸占寡婦，合擬凌遲，清末凌遲處死犯人押赴市曹中，釘上木驢，剮一百二十刀處死。」這和《水滸傳》中王婆被凌遲的做法一樣，都必須釘上木驢。這木驢大概是一個木架子，可以把犯人固定在上面，以便在零割的時候犯人不能亂動，它和古代那種「勾結姦夫害本夫」的女犯受的「騎木驢」的刑罰不是一回事。雜劇《竇娥冤》比《水滸傳》更明確地指出了應割的刀數。試想，把人割一百二十刀才致命，其慘酷的程度真叫人不寒而慄。

明代法律也明確規定凌遲為死刑之一。《大明律．刑律》載：「謀反大逆：凡謀反，謂謀危社稷；大逆，謂謀毀宗廟、山陵及宮闕。但共謀者，不分首從，皆凌遲處死。」凌遲之刑的設立，反映了封建專制政治的殘酷，統治者為了鎮壓人民的反抗和各種犯上作亂的行為，不惜採用一切毒辣手段。明代各朝中，凡是捕獲農民起義的首領及其他叛逆者，都用凌遲之刑將他們處死。如萬曆三十四年冬，劉天敘等謀反，兵敗被擒，為首的七人被磔死。這裡的磔即是凌遲。嘉靖二十一年，宮婢楊金英等人謀害世宗朱厚熜未遂，事發被捕，楊金英、楊蓮香等十六名宮女不分首謀和脅從，一律凌遲處死，並且剉屍梟首。萬曆七年五月，禮部侍郎董傳策被府中的奴僕殺死，有司將凶手捕獲，下獄審理，第二年把他們全都「剮於市」。

實際上，明代的凌遲之刑並不僅僅施用於謀反大逆，有時對罪行情節較輕的犯人也加以凌遲。明初朱元璋親自編定的《大誥》就記有不少這樣的案例。如金吾後衛知事靳謙讓妻子擊鼓鳴冤，經審訊所訴不實，便判決靳謙犯了誹謗朝廷的罪，將他凌遲處死。崇德縣民李付一任本縣裡甲時，因擾民而被人告發，縣官傳訊，他不予以理睬，公差王某前去拘捕他，他設計請王某飲酒，當王某喝醉時，李付一將王某綁縛起來，聲稱王某騙吃騙喝。李付一的行為雖然實屬無賴，但還不至於構成死罪，結果他以誣誑罪被凌遲處死。又有北半道御史何哲與都御史詹徽有隙，於是何哲聯合另外兩名御史任輝、齊肅及四川道御史魏卓等共十八人一同揑造事實，陷害詹微、當時明太祖朱元璋正信任詹微，因而授意有司將何哲等人治罪，結果何、任、齊、魏四人被判為凌遲示眾。像上面三例這樣不該凌遲而被凌遲的案子還有一些，朱元璋用刑峻酷，從這些事實可以看出來。

元代執行凌遲，把犯人零割一百二十刀，已是夠駭人聽聞的了，明代執行凌遲時零割的刀數更遠遠超過前代。明世有兩次著名的凌遲處死案例，刀數有明確的記載，一是正德年間的宦官劉瑾，一是崇禎時進士鄭鄤。鄧之誠《骨董續記》卷二「寸磔」條云：「世俗言明代寸磔之刑，劉瑾四千二百刀，鄭鄤三千六百刀。李慈銘日記亦言之。」這裡記劉瑾被剮刀數可能是誤傳，實際上劉瑾被剮三千三百五十七刀。這樣大的數目，實在驚人。民間婦女罵人時常說「你這個挨千刀的」，看來古代凌遲時將人割千刀以上並非虛詞。

先說劉瑾。正德五年，劉瑾以謀反罪被判死刑，聖旨特批，將他「凌遲三日」，然後還要剉屍梟首。執行時的情景，當時參與監刑的張文麟有詳細的記述：

是日，予同年陝西司主事胡遠該監斬……告於尚書劉先生（碌）曰：「我如何當得？」劉回言：「我叫本科幫你。」予因應之。過官寓早飯，即呼本吏隨邀該司掌印正郎至西角頭，劉瑾已開刀矣。凌遲刀數，例該三千三百五十七刀，每十刀一歇，一吆喝。頭一日例該先剮三百五十七刀，如大指甲片，在胸膛左右起。初動刀，則有血流寸許，再動刀則無血矣。人言犯人受驚，血俱入小腹小腿肚，剮畢開膛，則血從此出，想應是矣。至晚，押瑾順天府宛平縣寄監，釋縛，瑾尚食粥兩碗。反賊乃如此。次日押至東角頭。先日，瑾就刑，頗言內事，以麻核桃塞口，數十刀，氣絕。時方日昇，在彼與同監斬御史具本奏奉聖旨，劉瑾凌遲數足，剉屍，免梟首。受害之家，爭取其肉以祭死者。剉屍，當胸一大斧，胸去數丈。逆賊之報亦慘矣。

劉瑾把持朝政時，殘害忠良，作惡多端，他落得如此下場固然使人解恨，但從他受刑的過程來看，凌遲這種刑罰不能不說它確實慘無人道。被凌遲處死的犯人的慘狀再看鄭鄤。若說劉瑾被凌遲是罪有應得，而鄭鄤受如此酷刑卻使人感到惋惜。鄭鄤是常州橫林人，天啟二年進士及第，他的文才與聲望曾名噪一時。崇禎初年，由於朝廷內部黨派之爭引起的政治糾紛，鄭鄤也被捲了進去，他被人告發說犯有「杖母」和「奸妹」兩項大逆不道的罪款，最後由崇禎皇帝朱由檢親自批示，予以凌遲處死。關於鄭鄤一案的詳細背景與是非曲直，這裡不作具體考述，我們只講他受刑的大致經過。崇禎十二年八月二十六日黎明，聖旨下達讓當日執行，有司官員立即下令傳齊有關人役押解犯人前往西市。當時的西市在北京皇城西側甘石橋下四牌樓（後世簡稱西四牌樓，即今北京西四），處決死囚常在這裡進行。按平常的慣例，斬首在西牌樓下，凌遲在東牌樓下，所以，那天早晨就有一夥人役在東牌樓旁邊搭起一座棚子，裡面供監斬官等人在此就坐，棚子前面豎起一根上邊有分叉的粗木桿。不一會，行刑的劊子手們也提前來到，他們每人帶一隻小筐，筐裡放著鐵鉤和利刃。劊子手們取出鐵鉤利刃等，放在砂石上磨得非常鋒利。辰、巳時分，監刑官帶校尉、人役等押著鄭鄤來到刑場。鄭鄤停放在南牌樓下，他坐在一隻大籮筐裡，沒有戴頭巾也沒有穿鞋襪，正在向一名書僮絮絮不休地囑咐家中後事。這時，圍觀的群眾人山人海，把周圍的道路、空場堵得水洩不通，附近的房頂上都爬滿了人。有位吏役說，西城察院的官長還未到，必須稍停片刻，正說著，那位官長由隨從前呼後擁，分開密集的人們向這邊來了。就位之後，他高聲宣讀皇帝聖旨，由於周圍人聲嘈雜，他都念些什麼，人們聽不清楚，只聽他最後的一句是：「照律應剮三千六百刀。」劊子手齊聲附和，聲如雷震，圍觀的群眾莫不心驚膽顫，兩腿發抖。只聽得三聲炮響，之後開始行刑。人群更加騷動起來，爬在房上的人有的站起身，伸長脖子，想看看劊子手怎樣剮人。但由於近處的人圍得密不透風，稍遠一些就看不見行刑的場面。過了好大一會兒，只見那有分叉的粗木桿上垂下一條繩子，有人在木桿後面拉動繩子，繩子的另一端便吊起一件東西，鮮血淋漓，原來是人的肺和肝，一直吊到木桿最高處，這說明犯人的肉已被割盡，開始剖腹取五臟了。又過了一會，木桿上的繩子放下來，卸下肝肺，又吊起一顆人頭，這說明鄭鄤已被砍下腦袋，懸掛示眾。接著，又把鄭鄤的軀體也掛了起來，使他的胸貼著木桿，背朝著眾人，大家看見他背上的肌肉被割成一條一縷的，卻沒有割掉，千百條密麻叢集，就像刺猬似的。這時，凌遲之刑宣告結束，有兩名校尉手舞紅旗，騎著快馬向東飛馳，他們是去宮中把剮的刀數向皇帝報告。後來，有劊子手把鄭鄤的屍體取下，把他身上的肉一條條地出售。據說，人們買這人肉是作為配製瘡癤藥的原料。

清代仍有凌遲之刑。統治者對農民起義的首領一旦捕獲，總是要凌遲處死。如太平天國北伐軍失敗，將領林鳳翔、李開芳等八人被俘，都押解到北京凌遲示眾。捻軍首領張洛行、賴文光兵敗被俘，也受了凌遲之刑。太平天國的著名領袖翼王石達開在大渡河兵敗，向四川總督駱秉章投誠，但沒有受到寬大處理，清廷傳旨將石達開不必押送北京，在四川就地處決，駱秉章這個鎮壓農民起義的劊子手竟殘忍地對石達開等使用了凌遲之刑。那是同治二年六月二十五日，駱秉章率領清兵把石達開和宰輔曾仕和、中丞黃再忠等綁赴刑場。石、曾二人分別被面對面縛在兩個十字木樁上。執行凌遲時，劊子手先對曾仕和割第一刀，曾仕和受疼不過，慘叫狂呼，石達開斥責他說：「為什麼不能忍受此須臾時間？」曾仕和這才緊咬牙關，不再叫喊。石達開受刑時，被割一百多刀，他從始至終默然無聲。石達開的凜然正氣和堅強意志使清軍官兵感到震驚，四川布政使劉蓉說他「梟桀堅強之氣溢於顏面，而詞句不亢不卑，不作搖尾乞憐語……臨刑之際，神色怡然，實丑類之最悍者。」

凌遲之刑一直延續到清末。戊戌變法後，清廷受內外各種矛盾的衝擊，不得不順應潮流對傳統的弊政作些改革。光緒三十一年修訂法律大臣沈家本奏請刪除凌遲等重刑，清廷准奏，下令將凌遲和梟首、戮屍等法「永遠刪除，俱改斬決」。從此，凌遲這種非人的酷刑才從法典中消失，被斬首代替了。

## 車裂

明清小說寫到某人慘死時，愛用這樣一句套語：管教他「死得不如《五代史》李存孝，《漢書》中彭越。」李存孝是唐末晉王李克用的義子，原名安敬思，因受李存信讒害被迫反叛，李克用把他擒獲，帶到太原，「車裂於市」。彭越是漢初開國功臣，劉邦採納呂后意見，以謀反罪把他車裂處死，並滅其宗族。一提及車裂之刑令人談虎色變，足見這是古代的一種極其殘酷的刑罰。

所謂車裂，就是把犯人的頭和四肢分別綁在五輛車上，套上馬匹，向不同方向拉，這樣把人的身體硬撕裂為五塊，所以名為車裂。有時，執行這種刑罰時不用車，而直接用五條牛或馬來拉，所以車裂又俗稱五牛分屍或五馬分屍。

車裂古時稱為。《周禮‧秋官‧條狼氏》中云：「誓馭日車。」前人註解說：「車，謂車裂也。」可見，早在周代就已實行車裂之刑。春秋時，諸侯混戰，各國君主對那些弒君犯上的亂臣賊子加重處罰時，就採用車裂的辦法。西元前六九四年，齊國「高渠彌」，西元前五九八年，楚國伐陳，將夏征舒「之栗門」，西元前五五一年，楚國「觀起於四竟」，等等，都是突出的例子。又周敬王時的名臣萇弘含冤而死，《莊子‧胠篋》篇和《韓非子‧難言》篇都說他被抽腸致死的，也有人說他是被車裂而死的。《淮南子‧氾論訓》云：「昔者萇弘，周室之執數者也……然而不能自知車裂而死。」據此，萇弘很可能是先被車裂，之後又被抽出肚腸（參見本書《抽腸》）。戰國時，秦孝公任用商鞅實行變法，孝公死後，太子即位為秦惠文王，商鞅受到敵對勢力的攻擊，結果被擒獲，車裂於咸陽。此事在《史記‧商君列傳》、《戰國策‧秦策》、《韓非子‧

和氏》等史籍中都有記述，《東周列國志》第八十九回「咸陽市五牛分商鞅」更作了詳細的描寫。當時，也有人是在死後其屍體又被車裂的，如吳起，蘇秦及秦國的、趙高等。商鞅因變法而遭車裂春秋戰國期間，車裂之刑使用得相當普遍，有些仁智之士已經認識到這種刑罰過於殘酷，主張廢除車裂。周赧王時，齊王決定在本國實行車裂之刑，群臣紛紛進諫勸阻，齊王都不肯聽從。子高（孔子的後人，名孔穿）來見齊王說：「車裂是無道之君的刑罰，而您卻實行它，這都是您下屬臣僚們的過錯啊！」齊王問為什麼，子高說：「如今天下紛爭，英雄豪杰都想選擇一個有德的君主前去投靠他，打算幹一番大事業。您如果濫用酷刑，就會失去聲望，英雄豪杰們就不敢來了，本國的人民也將要背叛您了，這樣下去，國家肯定會滅亡的。您的臣僚們面對這種關係國家前途的大事，不敢堅持正確的意見，怕違背了您的意旨，招來龍逢被斷首、比干被剖心那樣的慘禍，這只是為了保全自身而不惜使主上成為桀紂那樣的昏暴之君。所以我說他們的過錯太大了。」齊王聽取了子高的意見，取消了使用車裂之刑的決定。

遺憾的是，子高的正確主張和齊王的從善如流的清明政治並沒有受到足夠的重視，秦以後各代，車裂的做法仍然存在。

秦末農民大起義時，陳勝的部將宋留率兵攻占南陽，聽說陳勝已死，不敢再向武關方向進軍，而向東撤退到新蔡，投降了秦軍。秦將派人把宋留送到咸陽，宋留這個農民軍的叛徒並未能保全性命，被處以車裂之刑。漢末農民起義時，馬元義在京師謀劃起義，響應張角，並且聯絡中常侍封諝、徐奉等為內應，定於三月五日動手，因叛徒唐周出賣，馬元義被捕，車裂於洛陽。可見，封建統治者對農民起義這樣的作亂者是深惡痛絕的，凡是擒獲農民軍的首領或骨幹分子，不論他屈膝投降或寧折不彎，都要用凌遲或車裂這樣的最殘酷的刑罰把他處死。

三國時吳國末年，孫皓也使用過車裂之刑，當時民間傳言，孫皓死後，齊王孫奮和上虞侯孫奉兩人中當有一人繼承帝位。孫奮母親的墳墓在豫章（今江西南昌）。豫章太守張俊懷疑這樣的傳言事出有因，就主動給孫奮的母親掃墓，為自己預作打算。孫皓聽說了這件事，就命令逮捕張俊，將他車裂處死，並滅其三族。

十六國時，統治者多半秉性凶暴，愛用酷刑，當然也包括車裂在內。今天可以看到的記載。車裂常用於懲治那些亂倫喪理、忤逆不孝之徒。前涼姑臧（在今甘肅武威）有個叫白興的人把自己的女兒作妾，其妻妒忌，自興大怒，就把妻當作婢女，伺候女兒。郡縣把此事上奏，涼王張駿大驚道：「這真是自古沒有聽說過的怪事！」於是下令將白興在姑臧市區車裂示眾。前秦建元三年，有司奏報說，某人偷竊了他母親的錢財而逃走

在外，被官府抓獲，打算把他流放到邊遠地區。太后（苻堅的母親荀氏）聽說此事，氣憤地說：「罪款三千條，沒有比不孝更大的了。應該把這不孝之子在市朝處死，為什麼卻要把他流放劉遠方去呢？難道中國之外能有無父無母的地區嗎？」於是苻堅下令將不孝子車裂處死。同年，池陽（今陝西涇陽西北）有個百姓聽信了他的妻子的挑唆，打算害死自己的母親，就讓母親坐上車子，說是去看望親戚，一直拉到南山中。母親問他：「兒呀，去親戚家怎麼走到這裡來了呢？」兒子怒斥她說：「老丫頭，不許多嘴！」就讓母親下了車，領她到溪谷之間。這個不孝子離家的時候，妻子悄悄囑咐他，一定要他把母親身上穿的內衣帶回來，因此他在殺母之前必須脫下母親的內衣。但是，他不好意思親自動手，就背朝著母親，厲聲命令母親自己脫衣。母親哭著說：「我生你養你，想不到今天落個這樣的下場。你既然聽信媳婦的話，把我殺死就算了，不要再逼索這件衣裳罷。」兒子又怒斥她不許多嘴，更嚴厲地命令她快脫。母親悲憤之極，呼喊道：「天神，山神，你們都看見了吧！」話音未落，只見兒子手中的刀，忽然向著他自己的頭頂砍下，身體栽倒在岩穴中。母親見兒子已死，乘車返回，到家時天已經黑了。媳婦以為是丈夫回來了呢，迎上去問道：「我要的那件衣服拿回來了嗎？」母親大聲呼喚鄰居，人們抓住那位惡婦送到官府。官府把此事奏報朝廷，苻堅下令把惡婦車裂，以示嚴懲。

這是見於史籍記載的受車裂之刑的唯一的一位女性。此外，南燕慕容超即位時，左僕射封嵩派黃門令牟嵩對太后說，慕容超不是太后親生，應該按照舊規，立慕容鍾為帝。慕容超逮捕封嵩，要把他斬首，封嵩請求允許他回家和母親告別，慕容超說：「你這樣的人還知道有母親，那麼為什麼要離間別人的母子關係呢？」於是又下令把封嵩的斬首改為車裂。西秦時，乞伏公府弒殺叔父乞伏乾歸，乞伏乾歸的長子乞伏熾磐討伐公府，把他擒獲，之後將乞伏公府和他的四個兒子同時車裂處死。北魏道武帝時，范陽盧溥聚眾叛亂，道武帝拓跋王圭擒獲盧溥和他的兒子盧煥，都處以車裂之刑。

北齊時死刑分為四等，最重的要用車裂，北周時死刑分為五等，第五種為車裂。這都是朝廷明文規定的法律。隋朝建國後，高祖楊堅於開皇元年頒定新刑律，廢除前代的鞭撲、梟首、車裂等酷刑。過了不久，隋煬帝楊廣又把各種酷刑都恢復起來。楊玄感謀反，兵敗被擒，煬帝把他斬首，並誅滅九族，參與謀反的人當中罪惡大的，有的被車裂，有的被梟首，有的被截斷手足又用亂箭射死，有的被處死之後又讓文武百官臠割死者身上的肉而食之，殘酷手段無所不用。煬帝不僅荒淫而且暴虐，這導致了他後來的滅亡。

唐代廢棄隋代苛政，也不再使用車裂。直到唐末，才偶而又見。那是唐昭宣帝天祐二年十二月，朝廷將守司空兼門下侍郎、同平章事柳燦貶為登州刺史，將太常卿張廷範貶為萊州可戶，第二天，又下令將柳燦斬首，將張廷範車裂於都市。五代時的車裂之刑僅見李存孝一例。五代以後，只有遼代曾規定「淫亂不軌者，五車殺之」。如保寧十年（九七八）九月，平王隆先子陳哥謀害其父，被車裂處死。其他各代正式規定的殘酷的死刑雖然仍有凌遲、剝皮等，但車裂基本上見不到了。

## 斬首

斬首是古代執行死刑的手段之一。先秦時的死刑有車裂、斬、殺等名目，但那時的斬不是斬首，而是斬腰。執行時，囚犯的身體伏在「椹質」上，劊子手用巨斧砍斷其腰（參見本書《腰斬》）。所以，「斬」字用「車」作部首，是取和車裂同樣將人處死的意思，偏旁為「斤」，即斧斤的斤，指行刑時用斧不用刀。秦以前也有把人割頭處死的做法，那叫「殺」。秦以後，逐漸把「斬」引伸為廣義的殺，殺頭的刑罰便叫做斬首。

秦漢時的死刑有斬、梟首和棄市，其實都是斬首。區別是，梟首是指斬首後把人頭懸掛在高竿上示眾，棄市是指將囚犯在鬧市處死；執行其他死刑（如絞、車裂等）後再把頭割下來懸掛示眾也叫梟首，在鬧市執行其他死刑也叫棄市（如三國時曹魏的死刑中棄市為絞刑）。漢和三國時使用得較多的是斬首，如諸葛亮揮淚斬馬謖就是斬首。後魏時死刑叫做「大辟」（這是沿用先秦時的名詞），包括腰斬、殊死和棄市三種，其中的殊死就是斬首。從隋代起直到明清，都正式把斬首列為五刑（笞、杖、徒、流、死）中的死刑之一，處罰的程度在淩遲和絞刑之間。斬首作為一種官方正式執行的刑罰，在清亡後才被槍斃所代替。古代被判為斬首的犯人，除了重要罪犯（如欽定要犯）或在非常時期（如戰爭中）應立即處決之外，一般經有司備案審理並報請朝廷批准判為斬罪的犯人都要在獄中關押，到一定的時候才能處決。執行死刑的時間，從古至清都定在秋後。《左傳》中就有「賞以冬夏，刑以秋冬」的說法。原因是，秋季草木凋零，呈現一派肅殺之氣，此時行刑，正是順應天道肅殺之威，所以《禮記．月令》篇說：「孟秋之月，命有司，修法治，繕囹圄，具桎梏……戮有罪，嚴斷刑，天地始肅，不可以贏。」歷史上，除了秦時一年四季都可以執行死刑之外，其他各代處決犯人都在入秋以後，這就是古時常說的「秋決」。行刑的具體月份，各代的規定稍有差別。西漢時規定在十月以後至臘月之間，一到立春就絕不能再執行死刑。明代規定執行死刑在秋分以後、立春以前，若有在立春以後至秋分以前決死刑者，杖八十。唐代也曾規定，若不是在秋分至立春之間決死刑者，要判一年徒刑。

執行死刑的具體日期也有一定的限制。如唐代規定，在大祭祀日、致齊日、朔日、望日、上弦日、下弦日、斷屠日月、二十四節氣、假日以及下雨未晴的日子，都不得執行死刑。明代規定的有禁刑日子，即每月的初一、初八、十四、十五、十八、二十三、二十四、二十八、二十九、三十日，加上二十四節氣日、雨未霽、天未晴及大祭享日和閏月的全月。這樣除來除去，一年中能執行死刑的日子是屈指可數的。

在可以行刑的日子，行刑的具體時辰也有規定。若白天行刑必須等到午時，若夜間行刑必須等到天明，這在各代已是通例。古代史籍記載及小說戲曲中的描寫都是這樣。如清初朱素臣的傳奇《未央天》寫書生米新圖被屈打成招，判成死罪，定下來的行刑日子是十一月十七日，時辰是寅時三刻，這是符合明代刑法規定的，因此監斬官必須等到天亮才能行刑。由於米新圖冤情重大感動了上天，這天夜裡天一直不亮，直到打過九更，朝廷派來複查此案的官員趕到，救了米新圖的性命。京劇《九更天》就是根據這個傳奇改編的，劇中情節反映了古代關於行刑時間的規定。

# 斬首

斬首的地點和執行其他死刑一樣，一般都在市朝。從春秋時起大都如此。凡將王公大臣或名士大夫斬首，就在朝門外，如北宋時在汴京（今開封）五朝門，明清時在北京午門；凡將普通死囚斬首，就在街市進行，這即是《禮記．王制》篇所說的「刑人於市，與眾棄之」的意思。對某一城市來說，行刑的地點有時是固定的，有時是不固定的。清代北京斬人，常在菜市口。又據傳說，清代蘇州斬人常在五鼓天亮時，在平時較繁華的街道上執行。市民們得知要在這街上殺人，都事先出錢賄賂劊子手，如果誰家不出錢或出錢較少，劊子手就有意在他家店鋪前面行刑，這家人就會覺得十分晦氣。斬首執行斬首時必須有監斬官，這也是自春秋時就有的成規。《周禮．大司寇》所說的「蒞戮」，就是後世所說的監斬。《左傳．桓公四年》所記「衛人使右宰醜蒞殺州籲於濮，石碏使其宰孺羊肩蒞殺石厚於陳」，這右宰醜和孺羊肩充當的就是監斬官的角色。監斬官可以由原審理此案的官員擔任，也可以由朝廷或上司委派的別的官員擔任。監斬官在規定的時間之前，把囚犯從監中提出來，帶往刑場，監押的方式也有一定之規。如南北朝陳時規定，死囚將被處決，押送時要乘露車（車上不施用遮蔽，如同現在所謂的敞篷車），戴三械（即項械、手械、足械）；加壺手，到達刑場後去掉手械及壺手，時辰一到即行刑。古時還規定，犯人的姓名和主要罪行要書寫在手械上，讓人們一目瞭然，周朝時就有這規矩，叫「明梏」，後世一直沿用。明清是時把一塊寫有犯人姓名及罪行的木牌插在犯人背後，俗稱「亡命牌」，這和「明梏」的意義相同。

把犯人押到刑場後，按規定要給犯人吃一頓酒飯，這時不準將犯人塞口堵耳，不準遮蒙犯人面目，要允許犯人的家屬和他訣別。監斬官要親自觀察犯人和親屬會見的情形，判斷這犯人的真假，由此「驗明正身」，否則容易出現差錯。南宋紹興十八年曾發生兩起幾乎把人錯斬的事情。撫州獄中，犯人陳四應該斬首，陳四應該釋放，泉州獄中，陳翁進應該斬首，陳進哥應該受杖，結果這兩地都因為犯人的姓名只有一字之差而看錯了，分別把陳四閒和陳進哥綁赴刑場斬首，臨刑之前親屬與死者訣別時發現弄錯了，監斬官才急忙加以糾正。著名傳統劇本《三女搶板》（又名《生死牌》）有這樣的情節：衡陽知縣黃伯賢為搭救被誣陷而將被斬首的朋友之女王玉環，讓自己的親生女兒黃秀蘭冒名替死，臨刑時王玉環的父親王志堅趕到刑場與女兒訣別，發現不是玉環，感到驚奇。監斬的賀總兵看出破綻，又要把黃伯賢逮捕，欲加殺害。這件事說明，在處決死刑犯人時也會產生人為地更換犯人的現象。為了杜絕此類事件，所以後世在執行死刑之前將罪犯「驗明正身」這一道程序絕不可缺少。

有的犯人因為不肯屈服或者冤枉，臨刑前要高聲叫罵。為了不讓他叫出聲，就給他的嘴裡塞一個木丸。這個辦法是唐代武則天發明的。垂拱年間，太子通事舍人郝象賢因得罪武則天，將被處斬，臨刑大罵，就用木丸塞其口，然後行刑。後來法司殺人時都這樣做。唐代以後，一般死刑犯人不再用木丸。

斬首時，通常情況下是由劊子手把囚犯反綁在木柱上，囚犯雙腿跪地，頭自然向前伸出，劊子手揮刀從囚犯頸後向前下方猛砍。但在非正常情況下，也會附加其他殘酷手段。唐文宗大和九年甘露之禍時，宰相王涯等數人被宦官仇士良逮捕，將被處斬。臨刑時，劊子手把他們的頭髮解開，反繫在木樁上，又把他們的手和腳分別綁在木樁上，用鐵釘釘牢，然後開刀。著名詩人盧仝本來沒有參與反對仇士良的政治活動，因逮捕王涯時，他正在王涯家中，於是同時被捕，同時赴難。盧仝是禿頂，沒有頭髮可往柱子上綁，劊子手就用一顆尖釘把他的後腦勺釘在木柱上。盧仝有個兒子，起名為「添丁」，本意是為國家增添一名男丁，韓愈曾作詩祝賀他說：「去歲生兒名添丁，意令與國充耘耕。」後人說，盧仝如此慘死，使「添丁」二字成了讖語，死時竟然在頭上添了一顆鐵釘。

明初，朱元璋將人斬首時還曾採用過一種十分奇特的方法，就是在地上挖個土坑，把囚犯埋在裡面，只露出一顆腦袋，劊子手用利斧削去。當時出現過一陣平民百姓出家當和尚的熱潮，朱元璋痛惡這種現象，就命令抓來許多和尚處死。有一次同時挖十五個土坑，一字排列，埋十五個和尚，一幫劊子手各執大斧依次削去那些露出地面的人頭，這叫做「鏟頭會」。當時有位高僧在被埋的十五人之列，他的頭被削去後，又立即從脖頸處長出一顆頭來，再削去，再長出，一連長出五次。朱元璋害怕了，就釋放了這些和尚，並且下令廢止「鏟頭會」。這「鏟頭會」一事屬實，高僧的法術純係傳說，人們附會這個故事，以表現對朱元璋的殘酷行為的不滿。

斬首的行刑者——劊子手，都是心狠手黑之輩，他們不但要有殺人的膽量，而且要經過一定的技術訓練。人的脖頸雖然較細，但因為其中有頸椎骨，所以不用力氣就不能一下子砍斷。有的犯人孔武有力或身懷絕技，要砍掉他的頭並不是那麼容易的，這時劊子手要採用其他附加手段。

清初有個名叫阿里瑪的武將，因功提升至京中任職，進城後橫行不法，作惡多端，順治皇帝想除掉他，就派遣一個勇力僅次於他的武官巴圖魯占把他逮捕，押赴菜市口斬首。囚車走到宣武門，阿里瑪說：「死就死罷了，但我是滿族人，不能讓漢人看見我受刑，就在這城門裡邊把我殺了吧！」同時，他用腳勾住城門甕洞，囚車竟不能行進。巴圖魯占同意了他的要求，下令在城門裡邊行刑。在用刑時，阿里瑪的脖頸就像鐵鑄似的，刀砍不動。阿里瑪告訴巴圖魯占說，先用刀割斷脖筋，然後再砍。巴圖魯占讓劊子手這麼做了，才把阿里瑪殺死。

明朝時，有個叫陸暉的蘇州人犯罪當斬，臨刑時，劊子手揮刀砍去，卻未能損傷他的皮肉，刀反而砍折了，這樣連續砍折了三把刀，他的脖頸上只有三個刀印。監斬官大驚，問他是怎麼回事，陸暉說：「我在入獄後就讓家裡人造了一尊觀音像，虔誠祈求保佑。現在你們殺不死我，這是觀音菩薩的慈力吧！」。監斬官把這個情況呈報，有司奏明朝廷，赫免了陸暉的死罪。這個陸暉，可能具有硬氣功一類的絕技，達到了俗話說的「刀槍不入」，他說的觀音菩薩保佑的話不過是假托之詞。

由於劊子手行刑需要勇力，所以若同時斬殺許多死囚，一個劊子手是不能勝任的。遇到這種情況，需要選派許多劊子手同時行刑，或者先由一名劊子手行刑，殺數人後，再由別的劊子手替換他。手段極高強的劊子手一次能連殺多少人，未見到這項「最高紀錄」，不敢妄言，但據常理推斷，恐怕也是有一定限度的。若一人連續而不間斷地殺人，在殺到一定數量之後，不僅殺人者體力不支，而且所用的刀也不能再用了，或者刀口砍缺，或者刀身變形（據說人血的熱度可使刀身彎曲）。因此，考察劊子手的「業務能力」，就得看他能夠連續殺人的數目。清代咸豐年間，有一次官軍在福建沿海地區捕獲海盜五十餘人，押赴福州市北郊刑場斬首。這些海盜多是有些功力的，劊子手行刑時，對一名囚犯連砍數刀還不能砍下頭來。於是就另想辦法，找來一條木匠用的大鋸，兩個人對拉，鋸斷囚犯的脖子，囚犯號叫，慘不忍聞。這天，有個賣菜的農家少年，挑著個菜擔也來看殺人，見到鋸頭的情形，大罵劊子手是沒有人性的笨蛋。劊子手衝著他說：「你小子有能耐，來試一試。」少年放下菜擔，接過一把刀，連砍三十四顆腦袋，手起刀落，乾淨俐落，而且神色不變。監斬的清軍武官非常驚異，當即表示接收這位少年入伍當兵，讓他專門負責處決囚犯。那時候的規矩，劊子手殺一名囚犯，應該得到一千錢的報酬，少年一下子得錢三萬四千，挑著菜擔子回家去了。少年向父親誇耀自己的事跡，其父大怒，把他的錢扔到地上，又用木杖把他痛打一頓，堅決反對兒子幹這種作孽的差事。少年無奈，哭訴於武官請求退伍。他的父親的堅決反對的態度，表現了一般民眾對劊子手職業的憎惡與鄙棄。

劊子手將犯人斬首時，犯人體內的血液會突然從斷了的動脈血管噴射出來，噴射的高度簡直令人難以置信。關漢卿的著名悲劇《竇娥冤》寫竇娥在被斬首前發下三樁誓願，其中的一樁是，她讓劊子手在斬台高處懸掛丈二白練，如果自己是冤枉的，在頭被砍掉後，「不要半星熱血紅塵灑，都只在八尺旗槍素練懸」。結果，竇娥的誓願實現了，她的一腔熱血沒有落地，全部濺在那幅白練上。這當然是關漢卿文學創作的浪漫手法，意在突出竇娥的冤情和悲憤，但這樣的描寫是有一定的事實基礎的。古代傳說，漢代東海郡有個孝順媳婦，名叫周青，身罹奇冤，被太守枉殺。周青臨刑前讓人豎起十丈竹竿，懸掛五條白幡，發誓說：「我若確實有罪，死後血往下流，若是冤枉的，血要向上噴。」結果在行刑時，周青的血呈青黃色，順著竹竿向上噴，達到最高竿頭，又向下落到白幡上。關漢卿筆下的竇娥，顯然是以東海孝婦周青為範本塑造出來的。

這樣的事例不僅一個周青。南朝梁天監十五年，荊州市斬人，斬首後血向上噴射，有一丈多高，然後散作雨滴狀，細細落下。人們覺得異常，這一年果然荊州出現特大旱災。晉元帝司馬睿在位時，令史淳于伯押運糧草誤了期限，按律當斬。行刑時，淳于伯的鮮血順著柱子向上噴濺，斬首達到兩丈三尺那麼高。此類現象若用今天的科學觀點來看待，不難理解。人體內心臟的運動產生一股巨大壓力，血液靠這壓力由動脈輸送到全身。人被斬首，血液自然要噴射而出，文學作品的描寫和古籍的記述據客觀事實作了較大誇張，因而顯得特別離奇。

有人還說，如果把斬去頭的屍體扔到水中，他會直立不倒，水從脖腔處向裡灌，體內的血要向外噴湧，互相激盪，發出奇怪的聲響，非常可怕。

人被斬首時，從脖腔中噴出的血液並不全是紅色的。前面說到東海孝婦周青的血是青黃色的，固然是一奇，但也有人的血是白色的。明朝初年，松江人錢鶴皐起兵反明，為張士誠復仇，兵敗被擒，明太祖朱元璋下令把他斬首，砍頭後白血噴湧如注。朱元璋大驚，認為他是厲鬼，於是下令讓全國百姓祭祀他。也有的人斬首後無血。十六國時，安定人侯子光（或作劉光）年方二十歲，相貌英俊，自稱是佛太子，從大秦國來，應當在小秦國稱王。他改姓名為李子楊，不久自稱大皇帝，定年號為龍興。鎮西將軍石廣將他捕獲，斬首後他的頸上沒有血流出，十餘天後他的面色仍然和活人一樣。南宋末年，著名將領李庭芝兵敗被元兵俘虜，斬首後也沒有出血。以上兩例如果情況屬實，不知這是什麼道理。

各地官府監斬囚犯，其程序總體來說是比較簡單的，若是皇帝親自監斬犯人，那儀式可就大不一樣了。這種情況，主要是皇帝親自主持接受凱旋歸來的功臣獻納戰俘的典禮。明代曾舉行多次，氣氛森嚴，場面宏大，有關書籍的記載也比較詳盡。

單說萬曆二十七年己亥四月二十四日那次獻倭寇俘虜的大禮吧。那天上午辰時，陽光燦爛，萬曆皇帝朱翊鈞高坐在午門城樓上，太監、侍女、校尉、宦官、皇親國戚、文武大臣排列有序。大司寇蕭岳峰將戰俘帶到午門前聚集，自己在城樓下的御道正中跪下，兵部的兩名侍郎跪在他的兩側靠後一些，侍郎的頭齊及他的臂肘，三人成為一個「品」字形。蕭岳峰高聲致詞，首先報告自己和二侍郎的官職姓名，然後宣讀戰俘名單，並宣布或磔或斬的處理意見，最後說：「合赴市曹行刑，請旨。」致詞完畢，俯首聽命。萬曆皇帝聽完，說：「拿去！」聲音低弱，大臣們站得稍遠一點的都聽不見，但在皇帝發令之後，身邊有近侍二人重複一聲：「拿去！」接著由勛臣貴戚四人同聲接著重複一聲：「拿去！」接著是八人，再後是十六人，又三十二人，這樣逐級擴音，聲響越來越大，到最後是站在城樓下的武士三百六十人齊聲大呼：「拿去！」聲音簡直如雷吼一般。之後，官兵押著帶鐵鐐、穿囚衣的戰俘出西安門，蕭岳峰親自押陣，前往西市。沿途看熱鬧的市民填街塞巷，車馬只好緩緩而行，二十里的路程，傍晚才到達。將囚犯斬首完畢，已是天色昏黑的時候了。

被斬首的犯人在臨刑時一般都難免表現出對死亡的畏懼。有的嚇得面無人色，有的癱軟得抬不起頭來，有的拉屎拉尿，滿身汙穢。但是，也有一些不平常的人具有某種堅定的政治信念、豁達的人生態度或傲岸不俗的性格特徵，因此他們臨刑慷慨從容，神態自若，其生命在最後一刻猶能迸出明亮的火花，甚至讓劊子手也感到膽寒。嵇康臨刑時索琴奏一曲《廣陵散》，成為千古佳話。三國時，魏國夏侯玄參與曹爽之謀，被司馬懿斬首，臨刑面色不變，舉動自若。南朝時，庾弘遠仕齊為江州長史，賢明有聲望，被刺史陳顯達處斬之前，他向人要來帽子戴好，說：「子路臨死結纓，我不能不戴帽子就去死。」南宋文天祥在大都（今北京）柴市英勇就義，臨刑時從容對吏卒說：「吾事畢矣。」然後南向再拜而死。他的表現成為後世忠義之士傚法的榜樣。明末黃道周在清兵攻破南京後被俘，拒絕投降，開始絕食數日不死，後來清朝決定把他斬首。他臨刑立而不跪，劊子手見他身材高大，風骨凜凜，舉刀時兩手發抖，一刀砍下，黃道周仍然昂首不屈。劊子手嚇壞了，連忙跪在他面前說：「請先生坐下。」這時黃道周已挨了一刀，頸部鮮血淋漓，他還能點點頭說：「可以。」於是坐在凳子上，劊子手第二刀才把他殺死。

清代著名文學家金聖嘆康熙時因哭廟案牽連，被叛死刑。臨斬前他要酒暢飲，神色自若金聖嘆刑場高呼：「痛快！」，一邊飲酒一邊說：「割頭，痛事也；飲酒，快事也。割頭而先飲酒，痛快痛快。」他的兒子到刑場與父親訣別，哭得淚人似的，金聖嘆說：「別哭了，我給你出個對子你來對，上聯是：蓮子心中苦。」兒子正在痛哭，哽咽未定，哪有心思對對聯？他好大一會兒沒有回答。金聖嘆說：「傻孩子，哪裡值得這麼悲傷呢？我替你對吧，下聯可接『梨兒腹內酸』。」這聯是對得極其工穩的，上聯的「蓮」與「憐」諧音，意思是見兒子悲痛感到可憐；下聯的「梨」與「離」同音，指他的將要骨肉分離的孩兒。金聖嘆在死前如此從容不驚，竟然還有巧妙的文思，真不容易。所以采蘅子《蟲鳴漫錄》卷二記述這段故事後，稱讚他「志氣早定，故臨難不迷」。據說，金聖嘆在受刑前還對劊子手說：「我有一封家書，請轉交給家裡的人。」劊子手在行刑後不敢隱瞞，把信送給了監斬官，那官兒疑心信中寫有反對朝廷的言語，拆開查閱，只見信上寫著：「字付大兒看：鹽菜與黃豆同吃，大有胡桃滋味。此法一傳，我無遺憾矣。」那官兒討了一場沒趣，自嘲地說：「金先生臨死還這樣捉弄人。」

## 腰斬

小說、戲曲描寫的包公故事中，包公把罪人處死用的是虎頭銅鍘，施行時罪人被平放於張開的鍘口下面，從腰間鍘為兩段。如包公下陳州鍘了四國舅、在開封府鍘了駙馬陳世美、後來又鍘了親侄兒包勉等等。這些故事當然只是根據傳說編撰的，事實無考，但這種鍘人的做法卻是自古就有的，即古代死刑的處死方式之一——腰斬。

周代的死刑有車裂、斬和殺三種。其中的「斬」就是腰斬，而「殺」就是殺頭，即後世所謂的斬首。「斬」字用「車」作部首，是指它的本義與車裂相同，都是使人的肢體分裂；偏旁為「斤」，就是斧頭，指行刑時用斧或鉞。《周禮．秋官．掌戮》篇的註解說：「斬以斧鉞，若今要（腰的通假字，下同）斬也；殺以刀刃，若今棄市也。」這已經把斬和殺的區別說得很清楚了。

春秋、戰國時的史籍中，寫到將人處死，多是指腰斬。《莊子．胠篋》篇云：「昔者龍逢斬，比干剖。」這裡的「斬」即「腰斬」。《韓非子．說疑篇》列舉了關龍逢、比干和春秋時隨國的季梁、陳國的泄冶、楚國的申胥、吳國的伍子胥等六人都是因為直言進諫而得罪了國君，或被殺，或自殺，「要領不屬，手足異處」。又魯定公十年，魯與齊兩國之君在夾谷會盟時，倡優和侏儒上前演戲，孔子認為不合禮節，向齊國提出抗議，齊君不得不讓有司依法懲治優人等，使他們「手足異處」。上兩例所說的「手足異處」，顯然是指腰斬。

最初，腰斬使用的刑具稱為鐵質。鐵即是大斧；質或寫作鎖，或稱椹質、銀頓等，即是用斧砍人時下面墊的木砧。《公羊傳．昭公二十五年》有「君不忍加之以鐵」一句，前人註解說：「鐵，要斬之罪。」《戰國策．秦策》中記范睢說：「今臣之胸不足以當椹質，要（腰）不足以待斧鉞。」此語之意是謂瘦削的胸不值得放在砧板上，纖細的腰經不往斧鉞一砍，所指的處死方式，分明是腰斬。又《漢書．項籍傳》的「孰與身伏斧質」一句後顏師古註解說：「質謂也。古者斬人，加於上而斫之也。」從這句話的意思可以看出，腰斬在行刑時，人伏在砧板上，劊子手舉斧砍斷其腰，這斧與質是分離的兩件東西。後來，這一套刑具發展為用軸連在一起，鐵演變為鍘刀，質則演變為鍘床。所以，漢代許慎的《說文解字》就將「鐵」釋為「莝斫刀也」，即鍘草的刀。《漢書．戾太子傳》中的「不顧斧鉞之誅」一句後也註解說：「鐵所以斫人，如今莝刃也。」王友更明確指出：「鐵，今謂之鍘；鍘床，古謂之椹質，又謂之稿砧。」鐵質演變為鍘，這大概是漢代的事。

秦漢之間劉邦、項羽爭霸，韓信開始離楚歸漢時，還不出名，有一次因犯軍法當受「斬」刑，一同被處死的十三人先斬過之後，輪到韓信，《史記．淮陰侯列傳》寫道：「信乃仰視，適見滕公，曰：『上不欲就天子乎？何為斬壯士！』」細觀文意，韓信一定是躺在砧板上了，他才能有「仰視」這個動作，可見當時的「斬」是指腰斬。漢代還有兩人與韓信有相似的遭遇。一個是張蒼，他曾因罪當斬，而且已經「解衣伏質」，王陵在旁邊看見他身材長大，皮肉白嫩，認為是一個罕見的美男子，就在劉邦面前講情，沒有斬他。另一個是王訢，他在任被陽縣令時將被繡衣御史暴勝之處斬，「訢已解衣伏質」，仍然「仰言」一番，暴勝之聽他言語豪壯，也赦免了他。從張蒼、王訢的情形來看，那時的腰斬在行刑時，犯人必須脫光上身衣服，使腰部裸露出來。

從春秋時起，腰斬的刑罰常被使用。商鞅變法時，曾明文規定對百姓實行連坐，一家犯罪，鄰家不告發者，要處以腰斬。當時究竟有多少人被腰斬而死，難以統計，據說商鞅在渭河邊處決囚犯，死者的鮮血把渭水都染紅了。秦末，趙高誣陷李斯謀反，李斯於是在二世二年被腰斬於咸陽。漢代法律規定，大逆無道者腰斬。許多被判定為謀反或犯上等罪者，都要腰斬處死。漢武帝元鼎五年，樂通侯欒大因誣罔罪被腰斬。征和二年，司直田仁因失縱罪被腰斬。征和三年六月，郭穰告丞相劉屈夫人用巫術詛咒皇上及打算立昌邑王為帝等情節，有司劾奏說劉屈大逆不道，漢武帝大怒，降旨將劉屈腰斬於東市。漢昭帝始元五年，成方遂（一說張延年）被衛太子誣告，也受了腰斬之刑。

漢代以後，只有北魏承襲漢制，法律明文規定有腰斬的條款。神年間，崔浩定律令，就寫明：「大逆不道腰斬，誅其同籍。」其他朝代雖然法律條文不再規定有腰斬，但實際上仍然偶爾採用腰斬的刑罰。唐文宗大和九年甘露之變時，宦官仇士良指揮神策軍逮捕李訓、王涯等人，把他們腰斬於子城西南隅獨柳樹下，並且讓百官都到場觀看，之後梟首於興安門外示眾。五代時，後漢史弘肇為大將，高祖劉死後，他受顧命輔佐隱帝劉承，當時有一天，太白星在白晝可以看見，人們驚異不安，史弘肇便下令，民眾凡有仰觀太白星者，就腰斬於市。仇士良專權時對與他為敵的朝臣非常仇恨，用法外的殘酷手段進行報復，史弘肇在特殊情況下用嚴刑來安定人心，這都不奇怪，但在宋代的太平盛世，朝廷懲治某些有罪的官員，也常常破例使用腰斬。宋太宗太平興國三年正月，殿直官霍瓊借徵兵之機劫掠民財，被人揭發，腰斬處死。宋神宗熙寧八年，將作監張靖、武進士郝士宣等都被腰斬。南宋初高宗時，宋齊愈因謀立異姓、危害宗廟社稷等罪，腰斬於都市。

遼代也有腰斬之刑。應曆十五年二月，穆宗耶律王景因獲鴨而產生的一時的高興，下詔廢除腰斬之刑，但實際上未真正廢除。聖宗耶律隆緒時，近侍劉哥、烏古斯叛逃，遇赦後又被人告發，結果都腰斬處死。

明初，朱元璋大興文字獄，對不肯與他合作的知識分子施暴示威，也在法令之外使用腰斬之刑。著名詩人高啟在入明後對朝政有所不滿，在擢升為戶部右侍郎時辭官不就，回到原籍吳淞江畔的青丘隱居，以教書為生。有一次，他作了一首《宮女圖》詩：「女奴扶醉踏蒼苔，明月西園侍宴回。小犬隔牆空吠影，夜深宮禁有誰來？」詩中對宮廷生活寓有諷刺之意，朱元璋見到此詩非常生氣，有心懲治他，一時未找到藉口。後來，高啟受蘇州知府魏觀知遇，把全家遷至郡城居住。魏觀在府衙大興土木，有一天高啟為他作上梁文，文中對朝政又進行譏諷。朱元璋得到密探報告，於是就下令把高啟逮捕，腰斬於南京。

## 剝皮

剝皮，這兩個字一聽就叫人毛骨悚然，其殘酷程度並不亞於凌遲。這種刑罰不在官方規定的死刑處死方式之列，但在歷史上確實被多次使用過，並見諸史籍記載。

漢景帝時，廣川王劉去就曾經「生割剝人」，但他是怎麼個剝法已難查考。三國時吳國末帝孫皓曾剝人臉上的皮。吳亡之後，孫皓降晉，有一天，晉武帝司馬炎和侍中王濟下棋，孫皓在旁邊觀戰，王濟問孫皓：「聽說你在吳國時剝人面、刖人足，有這回事嗎？」孫皓回答說：「作為人臣而失禮於君主，他就應當受這種刑罰。」這時，王濟的腿正在棋枲下面伸著，兩只腳伸到晉武帝坐的一邊去了，他聽了孫皓的話，立即把腿縮回來。這件事說明，孫吳國末帝孫皓經常以剝刀懲戒「失禮」的臣下皓對自己曾使用過剝人面皮的刑罰毫不掩飾，也可以看出，像王濟這樣有地位的人，聽到剝皮之刑也會不由得產生畏懼之感。十六國時期，前秦苻生曾經把一些死囚剝去面皮，讓他們唱歌跳舞，藉以觀賞取樂。北齊統治者高氏也慣會剝人面皮。譬景從北齊南逃回梁時，高澄命令逮捕侯景的妻和兒子，先剝下他們的面皮，然後用大鐵鑊盛油把他們煎死。幼主高恆繼承了他的祖父輩和父輩的殘暴，經常剝人面皮，親眼觀看被剝者的痛苦之狀來取樂。

根據現在可見的史料，六朝時的剝皮之刑多是剝人面皮，後來便進而剝去人全身的皮了。元朝初年，世祖忽必烈誅殺了阿合馬，籍沒了他的家。阿合馬有個愛妾名叫引柱，武士們搜查時從她的衣櫃中搜出兩張熟好的人皮，每張皮上都連著兩只完整的耳朵。問她存放這人皮有什麼用，引柱說，這是詛咒時用的，把它放在神座上，發咒語時人皮就會出現應聲。世祖下令把引柱和畫師陳某及阿合馬的另外兩名親信曹震圭、王台判共四人，剝皮示眾。

明朝時，剝皮之刑用得最多、最狠。從明初的太祖皇帝朱元璋，到明末農民起義領袖張獻忠，不少人都用過剝皮之刑。朱元璋開國之初，為鞏固自己的統治地位而用法峻苛，「剝皮楦草」是他的一項發明。據葉子奇《草木子》記載，朱元璋對各地官員責治甚嚴，若有官員貪汙暴虐，准許百姓赴京訴冤。官員貪汙的數額在六十兩白銀以上的，就要處以死刑，殺頭後還要梟首示眾，並且剝下他的皮，皮裡填上草，把這「人皮草袋」置於衙門裡官座旁邊，讓後任官員觸目驚心，起警戒作用。府州縣衙附近，都要設

立一座廳堂，祭祀土地神，若需要對某人實行剝皮就在這裡執行，因此這座廳堂便叫做「皮場廟」。洪武年間，宮中的太監犯了死罪應當處死者，一般都不用斬首，而是凌遲或者剝皮。朱元璋的宮禁甚嚴，太監如果有娶妻者，也要處以剝皮之刑。明初開國功臣藍玉被處死之後也剝了皮，朱元璋還下令把他的皮傳示各省。因為藍玉的女兒是蜀王妃，蜀王朱椿就把藍玉的皮保存下來。明末張獻忠占領成都時，他看見端禮門樓上供看一尊人像，穿著公侯的華服，皮膚和手腳都是人的肉身，一打聽，才知道這就是藍玉。

朱元璋剝皮的手段傳給了他的子孫。他的第四個兒子燕王朱棣發動靖難之役，趕走了侄子建文皇帝，占了南京，對忠於建文帝的朝臣進行了殘酷鎮壓，景清和胡閏都是被剝了皮的。景清刺殺朱棣未遂，被捕後罵不絕口，朱棣命令剝下他的皮，「草椟之，械繫長安門」。胡閏是被縊殺的，然後用灰蠡水侵脫他的皮，剝下來，楦上草，懸掛在武功坊示眾。明武宗朱元璋以「剝皮楦草」來懲戒貪官。

正德七年，趙（即趙瘋子）謀反，兵敗被俘，同時起事的陳翰、賈勉兒、龐文宣、郭漢、宋祿、孫玉、朱倉、孫隆、張富、李隆、孫虎等共三十七人也先後被俘，一齊帶到京師午門，武宗朱厚照下令把他們全部處死，並將為首的六人剝皮。當時法司官員啟奏說對剝皮之刑曾有祖訓讓禁止，正德皇帝不聽，又下令把剝下來的六人的皮製作成馬鞍鐙，他有時出行，就騎坐這備有人皮鞍的馬。

嘉靖年間，著名抗倭將領湯克寬率兵平定海寇，將海寇首領王艮俘獲處死，把他的皮剝下來蒙作鼓面，叫「人皮鼓」。這鼓放在北固山佛院內，後世不少人都見過它。它的聲音不如牛皮鼓響亮，據說，因為人皮比牛皮紋理厚而沒有牛皮結實，所以它的聲音不如牛皮鼓。

明初永樂時，韓觀任兩廣提督，殺人成性，曾剝人皮作成坐褥，這人皮剝得非常完整，耳目口鼻俱全，把它鋪在坐椅上，人臉正好在椅背上，頭髮披散在椅後，韓觀升帳就坐著這人皮褥，以示威嚴。

天啟年間，魏忠賢擅政時也常用剝皮的手段。當時，「民間偶語，或觸忠賢，輒被擒戮，甚至剝皮割舌，所殺不可勝數。」而且，魏忠賢剝皮的方法非常奇特，有一天，某旅店裡有五個人在一起飲酒，其中一個人說魏忠賢作惡多端，不久肯定會倒台。另外四人有的沉默不語，有的感到害怕，有的勸他說話要慎重，不然會招來災禍。那人大聲說：「魏忠賢雖然專橫，他總不能把我剝皮，我怕什麼！」當天夜裡，眾人都在熟睡，忽然門被推開，闖進來幾個人，舉著火把照了照每人的面孔，把那位說大話的逮走了。不一會，又把一同飲酒的另外四個人也逮了去，帶到一處衙門，先捕的那人一絲不掛躺在那裡，手和腳都釘在門板上，堂上高坐著一位衣裝鮮麗的顯官，正是魏忠賢。魏忠賢對四個人說：「這位說我不能剝他的皮，今天不妨試一試。」就命令手下人取來熔化的瀝青澆在那人身上，過一會瀝青冷卻凝固，用錘子敲打，只見瀝青和人皮一齊脫掉，形成一幅完整的人的皮殼。那四個人嚇得半死，魏忠賢對他們每人賞給五百兩銀子壓驚，把他們放走了。

明末張獻忠將人剝皮的事例很多。他的所作所為，實際上是對明朝統治者的虐政實行農民式的以眼還眼、以牙還牙的報復。他大概是因為親眼看到了藍玉被剝的人皮，所以他也對明朝的官員予以剝皮，他不僅使用了明朝皇帝曾經使用過的剝皮手段，而且還有不少獨出心裁的花樣。張獻忠入蜀後動不動就拿人剝皮，而且大都是活剝。剝皮時，先從被剝者的後脖頸開刀，順脊背往下到肛門割一道縫，然後把皮膚向兩側撕裂，背部和兩臂之間撕離開肉的皮膚連在一起，左右張開，就像兩只蝙蝠翅膀似的。這樣被剝的人要等到一天多才能斷氣。如果被剝的人當場致命，行刑的人就要被處死。當時成都府彭縣有個叫龔完敬的，本是崇禎十年進士，崇禎十六年因死了父親回原籍守孝，張獻忠占領成都後他暫時表示降順，被授予官職，但他心裡不願背叛明朝。張獻忠想殺他，把他的僕人抓來問龔完敬每天在家中幹什麼。其中一個叫龔應登的僕人說，完敬每天五更時起床焚香禱告，不知禱告些什麼，每天退朝回來只是嘆氣，不說一句話，過節時給祖宗燒紙後，記帳單上只寫乙酉字樣，不書大順年號，等等。張獻忠聽到「不書大順年號」史書記載張獻忠將明朝臣子剝皮的事例很多這一句，勃然大怒，喝令刀斧手把龔完敬拿下，推出朝門，活活剝皮，並把剝下的人皮楦上草，曉諭四方。龔完敬的弟弟完淳、完熙及家屬婢僕共一百餘口同日處死。

張獻忠的部下孫可望後來投降了南明，被永曆帝朱由榔封為秦王。他也是個慣剝人皮的能手。永曆六年（即順治九年），孫可望殺了陳邦傳，並剝下他的皮傳示各地。御史李如月向永曆帝彈劾他「擅殺勛將，無人臣禮」，永曆帝不敢得罪孫可望，就打了李如月四十大板。孫可望的親信張應科知道了，就向孫可望報告，孫可望大怒，立即命令張應科把李如月抓來剝皮。張應科遵命逮捕李如月，綁在朝門外，又準備了一筐石灰，一捆稻草，放在他面前。李如月問這是幹什麼用的，一個人告訴他：「這是楦你的草。」李如月叱罵道：「瞎眼的奴才！這草棵棵都是文章、節節都是忠腸。」不一會，張應科站在右邊角門台階上，傳達孫可望的旨意，喝令李如月跪下，李如月又罵道：「我是朝廷命官，豈能跪聽反賊的命令？」於是步行到中門，向永曆帝居住的內宮行跪拜禮。張應科命令把李如月扒掉衣服，按倒在地上，用刀割開脊背的皮膚，直到臀部，李如月大叫道：「死得快活，渾身清涼。」又呼喊著孫可望的名字痛罵。剝皮剝到四肢時，把他的手和腳都砍斷，再把他翻過來剝前胸的皮，這時李如月只能發出細微的聲音了，仍能聽得出是在罵人，直到最後砍斷脖子時，李如月才死去。張應科又指使從人把李如月的皮用石灰漬乾，用線縫好，中間塞滿草，送到北城門通衢閣上懸掛起來。

從這裡描述的剝皮的經過，可見孫可望的殘忍到了登峰造極的地步。李如月的死儘管是為腐敗無能的南明王朝效忠，但仍不失為壯烈。魯迅在引述這段故事之後，評論說，張獻忠的剝皮法是「流賊」式的，孫可望雖說也是流賊出身，但他既然是南明王朝的秦王，後來又降清被封為義王，因而他的剝皮法其實是官式的，這和當初永樂皇帝剝景清的皮的方法完全相同。又說：「大明一朝，以剝皮始，以剝皮終，可謂始終不變；至今在紹興戲文裡和鄉下人的嘴上，還偶然可以聽到『剝皮楦草』的話，那皇澤之長也就可想而知了。」

清朝沒有剝皮之刑，在清代正史、野史及筆記中尚未見到這方面的記載。但是，剝皮這種酷刑並不能說已徹底絕跡。日本帝國主義侵略中國時，曾對反抗他們的中國人實行剝皮，某電影所描寫的剝皮情節，原來是取材於《高密縣誌》記載的真實的事件。炮烙商代末年，紂王的寵妃妲己心性狠毒，脾氣乖戾，平時很少發笑。紂王為了討她的歡心，想了許多辦法，但妲己臉上難得有一絲笑容。有一天，紂王看見一隻螞蟻爬到了燒熱的銅斗上，細小的蟻足被烙傷，不能繼續爬行，只是在那裡翻滾、掙扎，覺得很有趣，心想，如果人被火烙，那種痛苦掙扎的狠狽相一定更好看。於是，紂王就讓人用銅製成方格，下面煨上炭火，把銅格子燒得通紅，讓有罪的囚犯赤著雙腳在上面行走，囚犯痛得慘叫不已，有的人就從格子上掉下來，落入火中被燒死。妲己看到這種情景，果然高興得咧嘴大笑。紂王大喜，以後經常用銅格子烙人逗妲己發笑，許多人被烙傷或致死。

關於紂王烙人所用的刑具，古代有不同的說法。有人說是銅格子。《史記．殷本紀》中的司馬貞索引說，紂王「見蟻布銅斗，足廢而死，於是為銅格，炊炭其下，使罪人步其上。」《荀子．議兵篇》記此事時說是「炮格」。《呂氏春秋．過理篇》有「肉圃為格」一句，高氏注云：「以銅為之，布火其下，以人置上，人爛墮火而死。」顯然，這裡也認為是銅格。鄭康成注《周禮．牛人》篇說「互若今屠家懸肉格意，紂所為亦相似」，與高氏注《呂氏春秋》所言相同。

但是，也有不少書中說紂王烙人用的是銅柱。《史記．殷本紀》的集解引《列女傳》說：「膏銅柱，下加之炭，令有罪者行焉，輒墮炭中，妲己笑，各日炮烙之刑。」

《漢書．谷永傳》有「榜箠於炮格」一句，顏師古注云：「膏塗銅柱，加之火上。」說它是銅柱更能突出「烙」的意思，所以《韓非子》、《淮南子》等書就不稱「炮格」而稱「炮烙」。《淮南子．做真訓》又說，紂王所用的不是銅柱而是「金柱」。也許是銅具有金色，所以稱銅柱為金柱，或者是紂王既用過銅柱，也鑄造過金柱，此事難以詳考。但就刑具的形式和施行後果而言，銅柱和金柱沒有太大的區別，茲不多論。

後世談到炮烙之刑，多說是銅柱。有關的故事還對施行炮烙的詳細情形作了具體的描述。相傳明末有個名叫俞壽霍的，崇禎年間的某一天夜晚做夢被閻王差遣的小鬼拘拿到陰曹地府，閻王高坐在陰司大堂，宣判說，俞壽霍平時經常屠殺毒害生靈，應該受炮烙的刑罰。於是，鬼役們抬過來一根銅柱，豎在大堂旁邊一角的地面上，高約七八尺，銅柱的中間是空的，燃燒著木炭，烈焰飛騰，把銅柱燒得上下通紅。閻王喝令用刑，兩名青面紅須、狀貌猙獰的鬼卒齊聲答應，立即動手，一個抓住俞的頭髮，一個脫掉俞的衣服，要把俞往銅柱上放。俞壽霍嚇得渾身打顫，心膽俱碎。這雖然是筆記小說作者的虛構，但這個故事畢竟反映了人世間確實曾經實行過炮烙之刑，也反映了古人對炮烙的用刑的理解。

也有人說炮烙的刑罰並非始於商紂王，遠在夏桀時代就使用過。《符子》記載，桀在瑤台觀看炮烙囚犯，對在場的大臣關龍逢說：「你覺得快樂嗎？」龍逢回答說快樂。桀說：「觀看別人受這樣的酷刑，你怎麼沒有一點惻隱之心呢？」龍逢回答說：「天下人認為苦，但君王認為樂，我是君王的股肱重臣，哪能不說快樂？」桀說：「聽你的話的意思，好像是想勸諫我。那麼你就說吧，如果諫得有理，我就改正，如諫得無理，我就讓你也嘗一嘗炮烙的滋味。」龍逢說：「依我看，君王的帽子是搖晃欲墜的危石，君王的鞋履是薄脆欲裂的春冰。頭頂危石而不被壓死，腳踩春冰而不塌陷，那是不可能的。」桀冷笑道：「我的生命是和太陽共存亡的。你只知道我將要死亡，卻不知道你自己已離死不遠了，現在我就讓你受炮烙的刑罰，我要親自看一看你是怎麼死的。」龍逢從容不迫地唱著歌，縱身投入火中而死。

關龍逢是傳說中的著名忠臣，他死於炮烙的說法僅見於《符子》。《史記·夏本紀》和《竹書紀年》都沒有提到夏桀曾使用過炮烙之刑的事例。羅泌《路史》也說炮烙之刑始於商紂，而非始於夏桀。大概是因為夏桀十分暴虐，世人共憤，人們才把炮烙這種極端殘忍的行為也加到他身上。綜觀諸書記載，說炮烙之刑始於商紂是比較符合歷史事實的。

據《史記·周本紀》記載，周的始祖西伯在向商獻洛西之地時，曾請求紂王廢除炮烙之刑，紂王不得已而答應了。西伯的意見順乎人心，所以他得到人民的擁護，後來武王舉起伐紂的旗幟，終於滅商興周。但是，炮烙之刑並沒有隨著紂的滅亡而絕跡，它被後世的一些暴君酷吏繼承下來。

遼穆宗耶律王景即位後，嗜酒好獵，不恤政事，其殘忍橫暴的程度，不次於商紂。他對待宮中的五坊、掌獸、近侍、奉膳、掌酒等御用雜役人員，發現他們稍有小過就加以炮烙或鐵梳之刑。所謂鐵梳，顧名思義是鐵齒梳子，用來梳罪人的身體，把肉一條條地刷下來。鐵梳和炮烙並用，其慘無比。罪人受過炮烙之後，身上的皮肉都被烙熟了，再用鐵梳，很容易把肉刷掉，只剩下白骨，這樣，罪人必死無疑。應曆十五年，虞人沙刺迭丟失一隻鵝沒有找到，就被處以炮烙和鐵梳之刑而死。

北宋末年靖康之難時，徽宗趙佶和欽宗趙桓被金人擄去，也受過類似於炮烙的酷刑。據小說《說岳全傳》描寫，金人把徽欽二帝俘虜後，老狼主傳令把銀安殿的地面燒熱，將二帝頭上戴上狗皮帽子，身上穿了青衣，身後掛一條狗尾巴，腰間掛著銅鼓，衣帶上掛六個大響玲，手上綁著兩根細柳枝，然後把他們的鞋襪脫去，讓他們赤著腳站到被燒熱的光地上。徽欽二帝腳底板挨燙，忍不住雙腳亂跳，這樣，身上的銅鼓和鈴鐺一齊響起來，手上的柳枝亂晃，好像在跳舞似的。金邦的老狼主及其臣僚們在旁邊飲酒，觀賞作樂。金人的行為，目的在於顯示侵略者的淫威，他們不但沒有把徽欽二帝當作皇帝，也不把二帝當人看，而是視為可以盡情蹂躪、任意耍弄的動物。大宋朝的威嚴和臉面，在金國侵略者的暴行之下完全丟盡了，難怪當時宋朝的名臣李若水看到這種情景，不顧一切地把徽欽二帝從銀安殿上抱下來，然後罵敵而死。這段情節僅見於小說，正史中未有記載，是否真實，尚待考證。

《說岳全傳》所描寫的金邦老狼主對付徽欽二帝的方法，本來是女真人虐食動物的一種手段，這種手段到清代仍有人使用，名為「燒鵝掌」。康熙年間的一位滿族王公大臣就愛吃這樣的鵝掌。辦法是在地上支起一塊鐵楞，下面燃火把它燒熱，像北方的漢民族烙餅的鏊子似的。把鵝放在鐵楞上，用鐵籠罩住，鵝腳被燙，必然一邊慘叫，一邊不停地跳躍，不一會鵝掌被烙熟，脹大如同團扇，鵝卻還沒有死。這時把鵝取出來，割取鵝掌，調以佐料，味道佳美無比。某王公用這種辦法吃了許多鵝掌，飽享口福。康熙二十八年、夏包子作亂時，將這位王公活捉，有人知道他有愛吃「燒鵝掌」的嗜好，就決定即以其人之道還治其人之身，用鐵楞把他活活烙死。某王公的下場，比徽欽二帝還要悲慘。乾隆時著名文學家袁枚曾提到「燒鵝掌」，認為它和用鉤刀取活雞的肝臟烹炒而食的做法一樣，都是殘害生靈的行為，絕不可行。

其實，燒鵝掌並不是女真民族的發明，漢族的歷史上早就有人這樣做了。唐武則天時，張易之和張昌宗兄弟分別掌管控鶴監和祕書監，都受武則天的寵信，二人比賽似的顯示豪奢和殘暴。張易之製作一個大鐵蒸籠，籠內中間燃著炭火，火旁邊放一個銅盆，盆裡盛著五味汁。鵝鴨放進鐵籠中，受到烘烤，必然焦渴，就飲那湯汁，而湯汁也已被烤熱。這樣，鵝鴨內外受熱，不一會就毛落肉熟而死。張昌宗則是建造一間小房子，密不透風，中間燃上炭火，火旁放置五味汁，把一頭毛驢拴在房中，像張易之烤鵝鴨似地直到把驢肉烤熟，供他食用。此類做法甚多，不僅食鵝鴨、食驢肉是這樣，還有一種食鱉的方法也與此相似。古代文人記述這些虐食動物的行為時，都持譴責態度，說這些人肆行酷虐必然不得好報。如果用這樣的方法作為懲治人的刑罰，那就更是不合乎人性的了。

但是，這種非人性的酷刑在漢民族的歷史上也並不罕見。南宋初年的著名抗金將領曲端就是被鐵籠烤死的。曲端為人忠直，富有謀略，抗擊金兵屢立戰功。建炎四年，秦檜黨羽張浚誣告曲端謀反，將他逮捕，關進恭州（今四川巴縣）監獄。那年八月初三日，獄官遵照張浚旨意，讓曲端坐在一個鐵籠子裡，四面煨火烘烤，曲端又熱又燙，口渴難忍，向獄官要水喝，獄官就把白酒遞給他。曲端飲酒後，正如火上加油，不一會便九竅流血而死，終年僅四十二歲。

明代宣德初年，明成祖的次子朱高煦的死與曲端相仿。宣宗朱瞻基即位後，高煦自恃勇武絕倫，妄圖謀奪帝位，失敗後被監禁。宣宗到獄中去看望這位叔父，高煦出其不意伸腳把當皇帝的侄兒絆了一個大跟斗宣宗大怒，立即命令武士抬來一個大銅缸，缸口朝下把高煦扣住。這銅缸有三百多斤，高煦在裡面用力頂，竟能把銅缸頂得左右搖晃。宣宗見高煦難以制服，又叫人取來木炭堆在銅缸四周，用火點燃，銅缸逐漸被燒紅，後來熔化為銅汁，把一個英雄無敵的朱高煦活活燒死。清初尤侗作《明史樂府》詩，其中云「可憐高煦亦英雄。頃刻燒死銅缸中」，就是指的這件事。

上述的鐵籠烤和銅缸燒，其實都是炮烙之刑的另一種形式。此外，明代拷訊犯人時，常用炮烙之刑來逼取口供。正德年間，著名思想家王守仁的學生冀元亨就受到炮烙。王守仁率軍平定了寧王朱宸濠的叛亂，宦官張忠、許泰等反而誣陷王守仁與宸濠私通。他們審問宸濠，宸濠開始不承認王守仁與自己有來往，後來被盤問不已，就說曾派冀元亨拜王守仁為師。於是，張忠等人拷問冀元事，並使用炮烙，冀元亨始終不招。張忠等人無可奈何，只好把他監禁，直到嘉靖改元才被釋放。但冀元亨因刑傷過重，出獄後五天就死了。

有些酷吏審訊犯人時，所用的刑具有烙鐵、火鉗等，也屬於炮烙一類。明天啟年間，魏忠賢控制的鎮撫司使用的刑具有一種名為「紅繡鞋」。就是一雙鐵鞋，把它放在炭火中燒紅，用鐵鉗夾出來，讓犯人赤腳穿上，腳一進入鞋中，立即皮焦肉爛，嚴重者造成終身殘廢。「紅繡鞋」到清代還保存在庫房裡，順治時，刑部尚書圖海認為這種刑具太慘酷，下令把它毀掉，免得後來再有人用它。但是，這位刑部尚書只是毀掉一種刑具而已，卻不能從根本上杜絕炮烙之刑。後來，某些酷吏審訊犯人或者統治者對造反的民眾進行報復時，仍然常常使用炮烙。

## 烹煮

據歷史記載，周的始祖西伯被囚禁的時候，西伯的兒子伯邑考在殷都作人質，為紂王當車伕。紂王把伯邑考放在大鍋裡「烹為羹」，賜給西伯。西伯不知是人肉羹，就把它吃了。紂王得意地對別人說：「誰說西伯是聖人？他吃了自己兒子的肉羹還不知道呢！」這是古代烹人的最早的事例。

烹人的大鍋古時叫做鼎或鑊。都是用銅或鐵鑄成的，不同的是鼎有三只足，鑊無足。《淮南子·說山訓》篇有「嘗一臠肉，知一鑊之味」之語，高誘注云：「有足曰鼎，無足曰鑊。」顏師古也說：「鼎大而無足曰鑊。」因為烹人要用鼎或鑊，所以，古時就把這種酷刑叫做鑊烹、鼎鑊或湯鑊。如《漢書·刑法志》說「陵夷至於戰國……增加肉刑，大辟有鑿顛、抽脅、鑊亨（烹）之刑」，《舊唐書·魏元忠傳》說「既誅賊謝天下，雖死鼎鑊所甘心」，《史記·廉頗藺相如列傳》說「臣令人持璧歸，知欺大王之罪當誅，請就湯鑊」，等等。

春秋時，周室衰微，諸侯混戰，法制沒有定規，那時的國君將人處死，常採用烹的方法。周夷王在位時，齊哀公因紀侯在周室進讒言，而被周夷王用大鼎烹死。西元前五四七年，宋國太子痤被宋成公囚禁，自縊而死，後來成公知道了太子是無罪的，非常懊悔，就烹殺撥弄是非的寺人伊戾。周敬王四十一年，楚國的白公逃到山中自縊而死，白公的學生微子抓住了石乞，問他白公死的地萬，石乞無論如何也不肯說，微子就把石乞烹死。晉公子重耳流亡到鄭國時，鄭國有個叫被瞻（有的書作叔詹）的臣子勸鄭文公殺掉重耳，鄭文公沒有聽從。後來重耳歸國即位，就是晉文公，他率軍攻打鄭國，指名要被瞻這個人，以報昔日之仇。被瞻向鄭文公請求把自己交出去，來解救國家的危急，鄭文公說：「這樣做，我的罪過就太大了。」被瞻說：「死了我一個，可以保全社稷，臣甘心情願。」於是，鄭文公派人把被瞻送到晉國軍營中。晉文公命令準備好大鼎，要烹被瞻，被瞻用兩隻手按著鼎的銅耳，不肯進去，大聲叫道：「晉軍將士們，都聽我說，當今世界上再沒有像我被瞻這樣的忠實於國君的人了。可是，忠於自己的國君，只能落個挨烹的下場啊！」晉文公聽了他的叫喊，被他的忠誠和勇敢所感動，就改變了主意，向被瞻道歉並宣布撤軍，同時把被瞻送回鄭國。

被瞻因忠勇而免遭鼎烹之刑，後世傳為佳話，戰國時，卻有一位賢明之士因忠於國君而被烹，為後世留下千古遺憾。此人是齊國人，名叫文摯，醫術極其高明。有一年，齊王生了一個惡瘡，派人到宋國請文摯（當時文摯遊歷至宋）。文摯歸國，診察了王的病情，私下對太子說：「大王的病我是可以治好的，但治好了他的病，他也一定要殺死我。」太子大驚，問為什麼，文摯說：「大王長的這個惡瘡，必須讓他發一場雷霆之怒，才能治好，否則就沒有救了；但要使他發怒，我就犯下死罪了。」太子向他叩首求告說：「先生只要能治好父王的病，我和我的母后一定要以死在父王面前為你表白，父王一定會看在母后和我的面上，赦你無罪，請先生不要擔心。」文摯說：「既然如此，我就是被大王殺死，也沒什麼說的了。」於是，文摯叫人報告齊王，說某日某時文摯前去治療。結果到了約定的時間文摯卻故意不去，王心裡有些不高興。這樣共約定了三次時間，文摯都沒有去，王已經非常生氣，這時，文摯來了，他不脫鞋子直接上到王床上，踩著王的衣服，問齊王病情如何。王怒形於色，不理睬他，文摯又故意說氣話衝撞王，王怒不可遏，叱罵文摯，讓他滾開。文摯走後，王的病情就輕了許多，又過了幾天就完全康復。王痛恨文摯對自己無禮，決定把他活活烹死。太子和王后極力向王求情，王十分固執，說什麼也不答應，堅持非烹文摯不可。臨刑時，武士把捆住了手腳的文摯抬起來，臉朝上放到大鑊中，加柴點火，燒了三天三夜，文摯不但沒有死，而且連面色都不變。王非常驚異，親自到鑊邊觀看。文摯說：「如果一定要我死，為什麼不把我面朝下？那樣就斷絕了陰陽之氣，才能使我絕命。」王命令把文摯的身體翻過來，這才把他烹死。這個故事肯定有虛構的部分，因為文摯即使有神奇法術或特異功能，也不可能在沸水中停留三天而不死。古人這樣傳說，表現了對忠臣義士的景仰和崇敬，也含有對齊王的庸鄙無能的嘲諷。

齊王的祖父齊威王也使用過烹人之刑。當時阿大夫荒於政事，治下境內百姓貧苦，阿大夫卻賄賂威王左右的人為他說好話。威王查明實情，將阿大夫和左右為他說好話的人一同烹死。

戰國時，烹人的事例也不少，其中人們比較熟悉的是樂羊怒啜中山羹的故事。樂羊在魏國做將軍，率兵攻打中山國，樂羊的兒子當時正在中山國，中山的國君就烹死樂羊之子，製成肉羹派人送給樂羊，並且明確告訴他這是他兒子的肉。樂羊坐在軍帳中，接過肉羹喝光了一大杯，表示攻打中山的決心毫不動搖，結果很快滅掉了中山國。魏文侯聽到這些情況，對身邊的一位大臣堵師贊說：「樂羊吃了自己的兒子的肉，這都是為了我啊！」堵師贊回答說：「樂羊連兒子的肉都敢吃，還有誰的肉他不敢吃呢？」魏文侯理解了堵師贊話中的意思，雖然對樂羊的功勞給予了獎賞，但卻從此對樂羊起了疑心。

秦漢之際，烹刑常用。商鞅變法時增加肉刑，把鑊烹規定為死刑的處死方式之一。秦末楚漢戰爭期間，劉、項雙方都愛用烹刑。周苛為劉邦守滎陽，被項羽俘虜，拒絕投降，項羽就烹殺周苛。成皋之戰時，項羽抓到了劉邦的父親劉太公，把他放在一個肉案子上，旁邊架起大鍋，傳話給劉邦說：「你不趕快過來投降我，我就烹死太公。」劉邦回話說：「我和你當初一同擁立楚懷王，約定以兄弟相稱，因此我的父親也就是你的父親。今天你如果一定要烹你的父親，就請你分給我一杯肉羹吧！」項羽聽了這番話，覺得烹死劉太公也無濟於事，就沒有這樣做。劉邦派酈食其去遊說齊王田廣，讓他歸順，酈食其剛見到田廣，韓信已率大兵攻占齊地，田廣大怒，就烹死酈食其。後來韓信被誅，劉邦得知蒯通曾慫恿韓信謀反，就抓到蒯通，要烹他，蒯通說：「夏桀的狗見了堯也要狂吠，並不是因為堯不好，而是因為堯不是它的主人。我當初為韓信出謀劃策來反對您，和桀犬吠堯的情況一樣。」劉邦就赦免了蒯通。

漢景帝的兒子廣川王劉去疾性情殘暴，他和他的王后陽成昭信一同謀害姬人陶望卿，望卿被逼無奈，投井而死。昭信叫人把望卿的屍體打撈上來，肢解成碎塊，放在大鑊中，加上桃灰和毒藥一起煮，並且把其他姬妾都叫到跟前，親眼看著望卿的肉和骨頭在湯中消化乾淨。這雖然不是活煮，其手段也實在駭人聽聞。

東漢末年，董卓作亂，他俘獲潁川太守李旻及其好友張安，要把他們活活烹殺。李、張二人臨入鼎時說：「不同日生，乃同日烹。」他們在臨死之前還有心說出這樣的詼諧之言，態度雖然從容不迫，但卻含有深沉的悽慘。

漢代以後，烹人的酷刑並未絕跡。十六國時，後趙石勒擒獲劉寅，當即將他置於鑊湯中煮死。

南燕主慕容超曾下詔提議恢復秦時的車裂、鑊烹等酷刑，群臣議論時意見不統一，結果沒有正式實行。東魏孝靜帝武定八年常侍侍講荀濟與華山王大器、元瑾等密謀除掉高歡，高歡覺察，將孝靜帝幽禁於含章堂，將大器和元瑾等烹殺於市。北齊後主高緯武平六年三月三日，在都市烹殺妖賊鄭子饒。這些，都見於正史記載。

隋代以後，朝廷頒布的刑法正式規定的死刑只有絞、斬、凌遲等，但烹作為一種非正式的刑罰一直有人使用。五代時，後唐明宗長興年間，姚洪奉朝命率數千人戍守閬州，被叛將董彰拘禁，不肯屈服。董彰叫人架起大鑊，添滿水燒得滾沸，讓十名壯士割姚洪的肉放在鍋裡煮而食之。姚洪至死大罵不絕。這是將人一邊凌遲一邊烹，比烹煮整個活人更慘毒。

南宋初，秦檜專政，殘害忠良，他也用過烹人的刑罰。直到清末，杭州古代藩署舊址東側射堂庭院中，還保存著一隻大鐵鑊，上寬下窄，直徑四尺，深二尺多，原有鐵蓋，後失落。據傳說，這只鑊就是當年秦檜烹人用的。但秦檜當時曾經烹過何人，史書未見記載。

上述種種烹人之刑，都是用水煮，這符合「烹」字的本義，《釋名》早有「煮之於鑊曰烹」的註解。但是，歷史上也有用油炸人的酷刑，這也叫烹，或者叫做油烹。南朝梁時，侯景亡命東魏，後來又南奔，高澄命令部下抓到他的妻子，先剝下面皮，然後又用大鑊盛油把他們煎死。清末學者俞樾講過一個故事，說四川巴縣有一名武生，自恃拳勇，武斷鄉曲，有一天他做夢被閻王抓去，讓他受地獄裡的種種酷刑，其中就有油炸。俞樾寫道：「（冥王）乃命獄卒，以鐵叉叉人油鑊中，頃刻肌膚糜爛，臟腑焦灼，苦不可言。」這雖然是夢境，卻能反映出用油烹人的那種慘狀。現實中確有這樣的事例。明初燕王朱棣發動靖難之役，占領南京，大肆殺戮建文朝臣，其中將兵部尚書鐵鉉割鼻之後處死，仍不解恨，又命令把鐵鉉的屍體放入大油鍋中，讓武士用鐵叉翻轉鐵鉉使他面朝朱棣，以示謝罪之意，但怎麼也不能把他翻轉過來，正在搗騰時，突然鐵鉉屍體爆裂，滾熱的油四處飛濺，武士們驚慌散開。這才作罷。鐵鉉的屍體也在頃刻之間焦黑如炭。

## 剖腹

商代末年的紂王確實稱得上暴君之最了，他不僅首創炮烙、烹人等非人的刑罰，而且首開對大臣剖腹取心的先例。當時著名朝臣王子比干見紂王無道，覺得作為臣子應該盡到輔佐君主的責任，就直言進諫，這下子可觸怒了紂王，他對比干說：「我聽說聖人的心有七個孔竅，你的心是不是這樣？」於是，就命令武士們擒住比干，剖開肚子，取出心臟察看是否有竅。《尚書．泰誓》篇說「剖賢人之心」，《莊子．盜跖》篇說「比干剖心」，《莊子．膚篋》篇說「龍逢斬，比干剖」，《荀子．正論》篇說「刳比干」，都是指的這件事。紂王還將孕婦活活剖開肚子，取出胎兒，觀看是男是女。這些行為，實在令人髮指。

後世的人們談及商代的歷史，無不譴責紂王的暴虐，但也有不少人傚法紂王的殘忍。南朝宋後廢帝劉昱就是一個紂王式的皇帝，他殺人成性，哪一天不殺人就會感到快快不樂。每次出行時，身邊的武士帶著白木大棍，長短粗細各有名號；還有鉗鑿錐鋸等刑具不離左右，擊腦、棰陰、剖心等酷刑隨時施加於人，每天都有數十人受到各種刑罰的折磨。有一天，劉昱聞見游擊將軍孫超口中有大蒜味，就讓武士把孫超肚子剖開，看他有沒有吃蒜。還有一次劉昱出遊，遇見一名孕婦，他讓人剖開她的肚子觀看胎兒的性別。御醫徐文伯在旁，想救這位婦女，就說：「不必剖腹，我已知道，她的腹內是雙胞胎，一男一女。」劉昱堅持要剖開看一看，徐文伯說：「如果使用刀斧，胎兒會發生意化的變化，不如讓我給她扎一針吧。」於是就用銀針扎婦人的瀉足、太陰等穴位，兩個胎兒順利地生下來了，母子三人的性命都得到保全。

和劉昱的行徑相仿的，還有南朝齊東昏侯蕭寶卷。有一天他出遊沈公城，百姓們都被驅趕開去，一位婦女將要臨產，不能走路，只好待在家中，蕭寶卷發現了她，就叫人把她剖腹觀胎。另外，晉代惠帝司馬衷的皇后賈南風也有這樣的行為，她性情殘忍而妒忌，看見宮中其他宮女或妃嬪懷孕，就用戟向她的肚子投擲過去，戟刃把肚皮劃開，胎兒和戟一同落在地上，這位懷孕的宮嬪當然也就活不成了。

五代時，閩主王曦和宋後廢帝劉昱是一丘之貉。他見學士周維岳身材矮小而很能飲酒，感到驚奇，就詢問左右的人，有人回答說：「酒入腹後進的是別腸，所以不能以一般人的身材高低肥瘦來估量。」王曦命令武士剖周維岳腹，一定要看一看他的「別腸」左右有人啟奏說：「把周維岳剖腹，他必然會死，那麼就沒有這樣好酒量的人陪陛下飲酒了。」王曦這才放過了周維岳。

漢代，還有一個自我剖腹的事例。濟陰人戎良，字子恭，十八歲時在某郡守府衙中作吏員，他容貌俊美，太守諸葛禮很喜歡他，讓他做文書工作。其他吏員妒忌戎良，造謠說他和府中的一名婢女私通，諸葛禮竟然聽信了謠言，懷疑戎良。戎良感到冤屈，就在諸葛禮面前用刀割開肚子，掏出肝腸，讓太守看自己的一顆赤心。戎良秉性正直剛烈，容不得謠言的汙謗，演出這幕駭人的慘劇，諸葛禮即使相信了他的清白，他的性命也無法挽回了。

歷史上，剖腹的做法還常常用於懲罰冤家對頭，取他的心來祭奠自己一方的死難者。五代時，潤州守將周寶被牙將劉浩趕走，奔常州，劉浩擁戴薛朗為帥；越王錢鏐派杜棱等攻常州，周寶被救回，不久病死。後來，杜棱等攻潤州，趕走劉浩，擒獲薛朗，剖出他的心祭奠周寶。五代後晉時，張彥澤殘害百姓，曾將張武剖心斷手足處死，激起民憤，後來，耶律德光把他擒獲，派高勛監刑，處死他，高勛就剖張彥之腹，取其心祭奠死者。宋代，軍隊中將敵方俘虜剖腹取心的做法習以為常，所以在南宋初建炎二年，高宗趙構下詔禁止軍隊中使用挖眼、剖心等刑罰。但在元代，仍然有人這樣做。至正二十二年六月，田奉，王士誠等人刺殺察罕帖木兒，占據益都，同年十一月，擴廓帖木兒收復益都，殺田豐、王士誠，將他們剖腹取心祭奠察罕。

古典小說中常寫到剖心祭奠死者或報仇雪恨的情節。如《水滸傳》中武松把潘金蓮剖腹後取出心肝祭奠哥哥武大郎，花榮把劉高剖腹取心獻給宋江，李逵把黃文炳零割後剜出心肝為宋江報仇，等等。

《水滸傳》還寫到如何剖腹取心的具體細節。第三十二回中，燕順、王矮虎等人抓到宋江，要用他的心做「醒酒酸辣湯」，小說是這樣描寫的：

> 只見一個小嘍囉掇一大銅盆水來放在宋江面前，又一個小嘍囉捲起袖子，手中明晃晃拿著一把剜心尖刀，那個掇水的小嘍囉便把雙手潑起水來澆那宋江的心窩裡。原來但凡人心都是熱血裹著，把這冷水潑散了熱血，取出心肝來時，便脆了好吃。

小說的內容是現實的反映。這樣的描寫說明生活中存在著剖腹取心的事實。宋代，由於此類事件相當多，所以一般人的提起剖腹取心便談虎色變。當時，還曾有人利用人們對剖腹取心的恐懼心理耍弄一些小計謀。宋太宗時，宮中的一名宮女有一天偷偷翻牆逃走被抓獲，按照當時有關規定必須殺頭，可是太宗趙炅態度遲疑，好像有不想殺她的意思。有個太監名叫劉承規，為人機敏多智，善於體察人意，宮中都叫他劉七，他看出太宗的矛盾心情，就啟奏說：「奴才認為此人不可姑息。皇上要是不殺她，以後宮人還會逃走。請陛下把她交給奴才處置，我把她的心肝取出來呈上。」太宗領會了他的意圖，就答應了。劉承規當著太宗和眾妃嬪的面把那位宮女帶走，悄悄地把她安置在附近一個尼姑庵暫住，不久又派人送她到遠方，嫁到一戶合適的人家過日子去了，而另外叫人殺一口豬，取出一副豬的心肝，趁熱用盒子裝起來呈給太宗，說是那宮女的心肝。六宮妃嬪見了都誤以為是真的，就圍住盒子痛哭起來，既恐懼，又悲哀。太宗揭開盒蓋看了一下，立即讓劉承規帶走埋葬，並且賞給劉承規五錠銀子壓驚。從此宮女們都謹守宮規，再未發生過逃亡的事件。劉承規的做法是夠聰明的，他營救了一個可憐的宮女。

## 抽腸

據說，鷹、雕、鷲等猛禽在啄食獸類時，最先下口的地方是眼睛。它們用尖利的喙把獸的眼睛啄瞎，獸失去視力便無法有效地進行反抗。之後，猛禽們就在獸的肛門處下口，三兩下啄出大腸頭，把腸子唏哩咕嚕拖出來。獸類被抽了腸子，更無力反抗，猛禽們就可以放心大膽地飽食其肉。

猛禽類沒有科學思維的大腦，不會懂得獸類的生理解剖學，它們只是憑本能使用了這種殘食獸類的妙法。人類在殘殺動物或懲治同類時，除了挖眼之外，竟也使用抽腸的手段。

宋代的韓縝最愛吃驢腸，每次宴請客人時都少不了用驢腸做的一道菜。烹調驢腸需要有很高的手藝。腸放入湯鍋，時間短了煮不熟，堅韌而嚼不動；時間稍長又會因太熟而糜爛，變得寡味難吃。要恰當地掌握火候，很不容易。而且，驢腸必須新鮮，存放過夜就會變質。廚師擔心這道菜做不好要受到主人責罰，就想出一個周全的辦法。每逢宴會，他先準備一頭驢子拴在廚房旁邊的柱子上，待到賓客入座、開始斟酒傳杯的時候，他提刀把驢肚子割開一道口子，抽出驢腸，洗淨切碎立即下鍋，做成美菜端上宴席。有時來客較多，一頭驢子的腸不夠用，廚師就同時準備幾頭毛驢。韓縝在陝西做官時，有一天設宴請客，宴席間一位客人起身去廁所，經過廚房旁邊，看見栓在木柱上的幾頭驢子在那裡踢騰、悲鳴，地上鮮血淋漓，他不覺毛骨悚然。這位客人是關中人，本來愛吃驢肉和驢腸，自從親眼看見這幕慘象之後，他徹底忌口了。韓府的廚師雖然是受主人差遣不得已而這樣做，但他感到如此殘害牲畜實在心中有愧。因此，他每次取驢腸之前，總要準備好一些紙錢，等到大廳裡賓客們吃完驢腸心滿意足的時候，他在僻靜處把紙錢焚燒，為受害的驢禱告一番。

人抽驢腸尚且慘不忍睹，若抽人腸就更酷不忍聞了。

蒲松齡《聊齋志異》有《抽腸》一篇，寫山東萊陽一位村民在午睡時，看見一個男人和一個婦女攜手進入他的住室，婦女坦胸露懷躺在地上，男子將一把屠刀刺入她的心窩，把肚子剖開，把手伸進去拉出腸子，盤在臂肘上，邊抽邊盤，把手臂都盤滿了，然後取下這盤腸子掛在椅子上，繼續抽，抽滿一大盤又放在椅子上或茶几上，這樣一直抽了幾十盤。男子把這些腸子全部拿起來，像漁人撒網捕魚似的向他擲來。村民覺得一陣熱腥氣撲面，剎那間頭臉都被人腸壓得嚴嚴實實。他不能忍受，用手推開腸子，大叫一聲，拚命逃跑，那些腸子落在他的床前，正好絆住他的腳。他一跤跌倒，突然驚醒，原來是一個夢。

這個夢是夠奇異的，那夢境中抽腸的景象，也是夠可怕的。這種夢見抽腸的情節，並非僅見於蒲松齡筆下。明代嘉靖年間，浚縣著名才子盧柟有一天曾夢見自己到了東海邊，遠遠望見雲霄間彩霞綺麗，光芒四射，海水震盪，十分壯觀。第二天，他根據夢中

所見情景，寫了一篇《滄溟賦》，剛寫好一半，他神志睏倦，伏桌而睡，又夢見有一個人用刀剖開他的肚子，抽出一段腸子約有四、五尺，腸子光潔呈紅黃色，用水洗滌之後又塞到腹腔中。盧楠突然驚醒，頓時覺得文思如泉湧，不一會就把這篇賦寫好了。

還有一個相似的故事。明萬曆時，嘉善人陸士邦曾官至中丞。他的兒子陸中錫少年聰慧，陸士邦希望他將來能讀書成名。有一天，中錫和某同學在門前閒站，看見一位年輕少婦從面前走過，中錫見少婦頗有姿色，不覺目搖神移，那位同學在旁邊看到中錫的神色，就慫恿他設法和少婦來往。中錫信了同學的話，去廟中求神許願，請神成全他和少婦的桑中之歡。當天夜晚，陸士邦剛剛入睡，夢見一位神道相訪，勸他說：「你的兒子心生邪念，我已請示上帝。本來他命裡該中狀元，現在將他的功名取消，他今生只能是一名儒生了。他的那位同學本來與功名無緣，現在我要給他以抽腸的懲罰。」陸士邦醒來，夢中之事記得清清楚楚，就把中錫喚來查問。中錫不敢隱瞞，說了實話。不一會，鄰人來報告說，中錫的那位同學忽然得了急病，肚腸疼得像被抽出來似的，眼看難以活命。陸士邦見天道報應來得這麼神速，驚嘆不已。從此以後，中錫逐漸變得愚魯遲鈍，連文章也寫不出來了。

上述數例，都是小說家的附會之言，不能信為真有其事。小說中的抽腸的情節雖然只是夢境或幻覺，但是，作者能寫出這樣的情節，必然有生活的真實作基礎。

抽腸作為對人懲罰的酷刑，比小說的描寫還要慘毒。這種刑罰早在春秋時就實行過。《莊子．膚篋》篇云：「昔者龍逢斬，比干剖，萇弘施，子胥靡。」句中的「胣」或作「月也」，就是刳出肚腸的意思。萇弘是周敬王時人，約西元前四九二年以前在世，可見抽腸的歷史是多麼悠久了。也有人說萇弘是被車裂而死的，詳細情況已難考察，可能是萇弘先被車裂，之後又被刳出腸子。

後世使用抽腸的刑罰，典型的事例在明代。明初，朱元璋曾對死刑犯人施行抽腸。具體做法是，把一條橫木桿的中間綁一根繩子，高掛在木架上，木桿的一端有鐵鉤，另一端縋著石塊，像是一個巨大的秤。將一端的鐵鉤放下來，鉤入犯人的肛門，把大腸頭鉤出來，掛在鐵鉤上，然後將另一端的石塊往下拉，這樣，鐵鉤的一端升起，犯人腸子就被抽出來，高高懸掛成一條直線。犯人慘叫幾聲，不一會就氣絕身亡。張士誠占據江蘇稱吳王時，其弟士信為丞相，用黃敬夫、蔡彥文、葉德新三人為參軍。這三位都是迂闊無能的書生，沒有實際的軍事、政治才能，當時有人寫十七字詩諷刺他們說：「丞相做事業，專用黃蔡葉，一夜西風起，乾癟。」不久，朱元璋的大將軍徐達領兵攻破蘇州，黃、蔡、葉三人皆被處死，並且抽出他們的腸子掛在高處，直至乾枯。

明末張獻忠對抓到的明朝官吏使用的酷刑也有抽腸這一項。做法是，先用刀從人的肛門挖出大腸頭，綁在馬腿上，讓一人騎著這匹馬猛抽一鞭向遠處跑去，馬蹄牽動腸子，越抽越長，轉瞬間抽盡扯斷，被抽腸的人也隨即一命嗚呼。張獻忠的所作所為，是以野蠻對野蠻，以獸性反獸性，以此對明朝的虐政進行變本加厲的報復。

## 箭射

弓箭是古代戰爭中常用的武器。如果在非戰爭時用箭射的方法把人處死，這不能不說是一種殘忍的酷刑。

唐代寶曆年間，唐敬宗李湛曾特製一種紙箭，箭頭也是用紙製作，裡面裹著少許麝香或龍涎香的粉末。宮中閒暇無事的時候，李湛就把宮嬪們叫到一塊，他站在一定的距離之外用紙箭射她們，被射中的宮女或妃嬪，身上就沾上了香末，遍體散發出濃烈的香味，卻不會感到疼痛。當時宮中把這種紙箭叫做「風流箭」，宮嬪們都希望紙箭能射中自己，由此可以進一步得到君王的寵幸。她們之中流傳著這樣的順口溜：「風流箭，中的人人願。」李湛常用這種辦法在宮中尋歡作樂。

所謂風流箭，只是一種娛樂方式，不能算作刑罰。但是，這種做法本身卻反映了統治者征服他人的心態。有些暴君用真正的弓箭射人，親眼看著被射者飲鏃身亡或鮮血迸濺，來獲得獸性的滿足，也是這種心態的反映。

有一個例子可以說明這一點。南朝宋元徽年間，後廢帝劉昱凶殘無道。後來成為齊高帝的蕭道成當時仕宋為中領軍，劉昱早想除掉他。某年夏天，天氣炎熱，蕭道成坦胸露腹，躺在府中樹陰下睡午覺，劉昱不經侍衛通報，逕自來到院內。他見蕭道成睡得正熟，就用筆在蕭道成的肚子上畫出箭靶。這時蕭道成被弄醒了，劉昱就讓他站在廳中，自己站到稍遠些的地方，引弓搭箭，瞄著他肚子的靶準備發射。蕭道成在這緊急關頭神色不變，施禮說：「老臣無罪。」劉昱的侍從中有個名叫王天恩的進諫說：「蕭領軍的肚子大，作為箭靶是最好不過了，但是，陛下一箭就能把他射死，以後還怎麼射呢？不如改用雹箭來射他。」雹箭是一種不帶鐵箭頭的演習所用的箭支，不會傷人，王天恩用這番話巧妙地為蕭道成解難。劉昱果然採納了他的主意，叫人取來雹箭，搭在弦上，一箭射去，正射著蕭道成的肚臍眼。劉昱非常高興，他把弓仍到一邊，大笑道：「你們看我的箭法怎麼樣？」眾人誰敢掃他的興？只得隨聲附和。後來，劉昱又叫人用木頭刻成蕭道成的模樣，在木人的肚皮上畫出箭靶，他叫侍從們都用箭來射。劉昱的所作所為正是為了滿足一種虐待欲和報復欲，但是他始終沒有能把蕭道成置於死地，而他自己卻在十五歲時就因施虐過分被身邊的侍從們殺死了。

歷史上用箭射人的暴君酷吏又何止一個劉昱?唐初，唐太宗的第五個兒子李橫行不法，他的長史權萬紀經常直言進諫，李特別忌恨他，貞觀十七年，權萬紀奉詔入京，李派親信燕弘亮追到途中，用箭把他射死。武則天時，和親使者楊齊莊和另外一名官員段王質被匈奴拘禁，段王質約楊齊莊一同逃走，楊齊莊害怕事情不成而遭禍，段王質便一人先逃了回來，受到武則天的獎賞。不久，楊齊莊也回到京師，武則天懷疑他通敵，傳旨讓王懿宗審理此案。王懿宗素以酷暴著稱，他主張將楊齊莊處死，並得到武則天的准許。於是，王懿宗把楊齊莊帶到洛陽天津橋南，截斷手足，高吊起來，命令段王質用箭射他。段王質三發三中，接著又有段瑾取箭射他，也射中他的身體。王懿宗又命令諸司百官都一齊用箭射他。一剎時，楊齊莊的身體中了數十箭，像隻刺蝟似的，但他的嘴唇仍在微微翕動，好像還有一口氣。王懿宗又命把楊齊莊放下來，用刀刺入胸膛，再向下剖開肚子，取出心臟，楊齊莊才死去。明初洪武年間，葉伯巨上書言事，觸怒了朱元璋，朱元璋竟然要親手用弓箭射死他。明宣德年間，宣宗朱瞻基下旨開拓西內皇城，大興土木，刑部主事郭循極力進諫，宣宗不聽，命令武士把郭循用氈包裹起來，抬到宮中，親自審問。郭循不肯屈服，慷慨申辯，宣宗大怒，就取來弓箭射中郭循的頭部，血流滿面，之後又把他下錦衣衛獄，直到宣宗死後才釋放。

在有的朝代，射殺也曾被用作懲罰罪人的手段。漢元帝初元年間，王尊任美陽（今陝西武功西南）縣令，該縣有個婦女控告她的義子不孝，說這位義子要以她為妻，若不順從就予以毒打。王尊審理此案，派吏役調查屬實，將那義子逮捕，吊在樹上，王尊親自監刑，讓五百名騎士張弓搭箭，把他射死，官吏和百姓們看到這種情景，無不驚駭。遼代刑法規定，有一種處死方式名曰「射鬼箭」，就是亂箭把人射死。遼太祖耶律阿保機七年六月，養子涅里思參與叛亂，太祖下令用鬼箭把他射殺。天贊二年，太祖討平叛賊奚胡損，將他擒獲，也以射鬼箭處死。天顯十二年，遼太宗耶律德光在雲州北將唐大同軍節度判官吳巒射了鬼箭。乾亨二年，遼景宗耶律賢駕幸南京（今北京市），將擒獲的敵方俘虜也射了鬼箭。另外，遼聖宗耶律隆緒統和四年五月，遼國俘獲了一批宋朝的官吏與百姓；同年十二月，俘虜一批宋朝士兵；統和二十二年閏九月，遼主親自南征，俘獲了數名宋朝間諜；興宗耶律宗真重熙十三年俘獲党項族的斥候，等等，通通以射鬼箭處死。還有，遼穆宗應曆七年四月，女巫肖古進獻益壽延年的藥方，並說煎藥時必須用男人的膽汁作配劑，穆宗耶律王景按方服藥，幾年間為取膽汁殺死許多人。後來，穆宗發覺這是騙人的把戲，就命令逮捕女巫，把她亂箭射死。遼代統治者是游牧出身的少數民族，擅長騎射，因而愛用箭射的方法將人處死，這不奇怪，但在漢民族統治的朝代，亂箭射人的做法依然被採用，如各代在軍隊出征時取出一名死囚犯來「射鬼箭」，作為祭旗的儀式，顯然是受到了游牧民族的影響。

和用箭將人射殺的做法相似的，還有用彈子彈人的手段。春秋時，晉靈公夷皋奢侈而暴虐，他聚斂民財建造百尺高台，雕牆繪梁，極其華麗，他常站在高台之上用彈子擊打台下過往行人，看見人們驚慌走避則以為快樂。三國時，魏國的齊王曹芳也喜歡用彈子打人，他看見朝臣令狐景不順眼，就用彈子打他的頭部和眼睛，令狐景竟然任他擊打，不肯躲避。清商丞龐熙直言進諫，曹芳又用彈子打龐熙。晉安帝司馬德宗在位時，琅琊內史孫無終為人貪橫，姬妾中有人違拂他的意旨，他就取彈子彈她們的臉。十六國時，後趙石虎喜遊獵，善擊彈，左右手都能發射，發則必中，他常用彈子隨意打人，軍中將士們都非常怕他。北齊時，南陽王高綽任定州刺史時，也曾仿效當年的晉靈公，建築高樓，在樓上用彈子打人。唐初，高祖李淵的第二十二個兒子滕王李元嬰更是無賴，他任金州刺史時，每逢農忙季節就帶領侍從到鄉間遊玩，一路上看見行人就取出隨身所帶的彈子擊打，行人紛紛躲避，李元嬰則縱情大笑。這些用彈子彈人的事例，純粹是某些虐待狂的殘忍意識的肆意發泄，完全不受法制、法規的約束，同前面所述隨意用箭射人的事例一樣，只有封建專制時代的統治者才能如此為所欲為。

## 沉淵

戰國時期，魏國魏文侯在位時（前四四六至前三九六）時，鄴地（今河北省臨漳縣一帶）的三老、廷掾勾結女巫，聚斂百姓錢財，假言說是為河伯娶親，每年挑選民家女子沉入西門豹將裝神弄鬼的女巫投入河中漳河。西門豹任鄴令以後，識破了女巫們的陰謀，將計就計，把女巫和三老投入河中。這個膾炙人口的「西門豹喬送河伯婦」的故事，說明了這樣的事實，戰國時已經有把人沉入河中的做法。三老、廷掾和女巫耍弄欺騙手段，藉機漁利，竟使無辜少女慘遭毒手。西門豹運用智慧和權力，以毒攻毒，為當地百姓除了大害。

把沉河作為懲罰人的酷刑，春秋時早已採用，晉國的趙簡子曾把鸞繳沉入河中。趙簡子對別人說：「我愛好聲色，鸞繳立即給我送來歌女舞姬；我愛好宮室，鸞繳很快為我建好亭台樓閣。但是，我喜愛有才能的仁人志士，鸞繳卻沒有為我選中一個人。他的所作所為是助長我的過錯而損害我的善行，要這樣的人有什麼用呢？」趙簡子的做法，意在懲治諂佞之徒，鸞繳被沉河也算是罪有應得。魯成公十一年，晉國的郤向魯國的聲伯求婚，聲伯強行奪取施氏的妻子嫁給郤。施妻和柳氏生了兩個兒子，後來郤氏病死，晉國人把施妻送還魯國，仍歸施氏，施氏就把谷郤氏的兩個兒子沉到河裡淹死。如果將上述兩例加以比較，可以說，施氏的做法，處理的是本家族的私事，沉河屬於私刑，而趙簡子的做法則帶有官刑的性質。

沉河不論作為官刑或私刑，後世都曾被使用過。北魏時曾規定，凡是利用巫蠱之術害人的，要讓他背著一隻黑色的公羊、拖著一條狗，一齊沉到深淵中。這是朝廷明文頒布的刑法，當是官刑。沉淵就是沉河，這負羊拖犬的做法，像是一種迷信的儀式，也可能是仿效歷史上的西門豹，對那些害人的巫蠱者的懲罰手段也帶上一些巫蠱的色彩。

唐代末年，李福鎮守南梁州時，該地區有不少在朝做官者的莊園和田產。這些做官者的子弟在這裡居住，結夥為非作歹，不受官府管束，當地百姓頗受其害。李福到任後，讓人製造一批大竹籠，然後把作惡最嚴重的幾個官宦子弟叫來，詢問他們的家族世系和在朝做官的父兄或姻親的姓名，他們都一一作了回答。李福說：「你們這些年輕人，倚仗著官宦家庭的門第和權勢，在鄉間做出許多傷天害理的事情，不是給在外做官的尊長臉上抹黑嗎？今天我要對你們嚴加懲處，你們的尊長知道了，一定會讚賞我的做法。」於是，李福下令把這幾名首惡分子裝到大竹籠裡，沉入漢江，並向民眾宣布說：「這夥人橫行霸道，殘害黎民，不曾受過約束，我讓他們死後也永遠處在牢籠之中。」從此，其他官宦子弟再也不敢胡作非為了。

李福創造的沉竹籠的方法在南方不少地區被民間繼承下來，成為一種處治奸宄的通用的手段。有些地區的家族統治比較嚴苛，家族內部若有人背叛或危害家族利益，或者做出傷風敗俗的事，本族的族長可以決定將他「沉竹籠」。有的地區是直接在人的身體上綁上石頭，沉入江中。這是族規範圍內的最重要的懲罰。直到現代，某些偏遠山區還保留著這種古老的規矩。解放後，雖然經過多年的法制宣傳教育，仍然偶爾發生此類事件。

明代，在官方規定的刑法之外，也採用過那種原始而野蠻的沉河的刑罰。洪武年間，有個名叫陳養浩的僉事，作的詩中寫了「城南有嫠婦，夜夜哭征夫」二句，朱元璋知道了，認張獻忠將朱華奎裝入竹籠投入江中為是怨恨朝廷，下令將他遣送到湖廣，投到河中淹死。正德年間的名臣王守仁上疏言事，得罪劉瑾，謫貶貴州龍場驛丞，還未前往，暫居在杭州勝果寺，有一天來了兩名軍校，說是「奉聖旨賜你淹死，不可遲緩」，立即把他帶走，捆縛起來，從江邊投入水中。當然，這一次並沒有把王守仁淹死，這件事也不見於《明史》中王守仁本傳，詳細情形尚待考，但在正德年間劉瑾派遣特務把人暗地裡投河處死，不是不可能的。到了明末，張獻忠占領武昌，生擒楚王朱華奎，也把他裝到竹籠裡，沉入長江。

以上所述都是把活人沉河的事例，這當然都是相當殘酷的。在古代，更多的做法是把人殺之後，將屍體投入河中。春秋時，吳國伍子胥被太宰嚭讒害，自刎而死，吳王夫差把他的屍體裝入一個皮袋子裡，投到江中。也有人說，當時吳國亡後，越人把西施也用皮袋子裝著，扔到江裡，讓它隨波飄流。唐李商隱《景陽井》詩云「腸斷吳王宮外水，濁泥獨得葬西施」，皮日休《館娃宮懷古詩》云「不知水葬今何處，溪月彎彎欲效顰」，都是詠的這件事。另外，春秋時，楚國的司馬子期死後，屍體也被拋入江中。這種投屍於江河的做法後世也常見。十六國時，西秦乞伏暮末的弟弟軻殊羅與叔父什寅謀殺暮末，暮末得到消息，捕獲其同黨盡皆處死，赦免了弟弟，將叔父什寅剖腹，挖出肚腸，然後拋屍河中。北齊時，齊文宣帝高洋在某年冬天殺濟陰王暉業，派人鑿開冰層，把他的屍體沉到水裡。唐末天二年六月，朱元忠在白馬驛把朝臣裴樞、獨孤損、崔遠等三十餘人在一個晚上盡行殺戮，把他們的屍體都投入河中。當時投靠朱全忠的李振原來曾多次赴試，沒有考中，因此特別忌恨那些進士出身的朝臣，他對朱全忠說：「裴樞這夥人平常以清流自居，應該把他們都扔到黃河裡，讓他們成為濁流。」於是，朱全忠採納了他的建議。金國正隆六年八月，金主完顏亮弒皇太后徒單氏於寧德宮，又命令將她的屍體焚燒，把她的骨頭拋到河裡。

投屍於河雖然不能算作刑罰，但它和將活人沉河的刑罰一樣，都是人類的報復心理和殘忍意識的發泄，這同春秋時西門豹將壞人沉河的行為相比，其性質完全不同了。

## 絞縊

今天，人們對絞刑是比較熟悉的。在世界近代史上，不少革命者被反動派推上了絞架，英勇就義。這種絞刑並不是近代的產物，它在中國古代具有悠久的歷史。《左傳．哀公二年》有「若其有罪，絞縊以戮」的話，杜預註解說：「絞，所以縊人物。」即是說，絞的本義指一件東西，當是繩或帶等索類物品，可以把人縊死。在這之前，人們早已把自縊作為一種自殺的方式，如晉獻公時，太子申生受驪姬迫害，於西元前六五六年十二月自縊於新城（今曲沃）。把縊死作為懲治人的刑罰，今世學者一般認為它始於《左傳．哀公二年》的那條記載。

但是，從春秋、戰國經秦、漢直到魏、晉，都還沒有把絞刑列入朝廷頒布的正式法律條文。春秋時除自縊的情形外，也有將他人絞殺的事例，如西元前五四一年，楚公子圍借問病之機，將楚王郟敖「縊而弒之」，又如《戰國策．秦策》中記甘羅的話「應侯欲伐趙，武安君難之，去咸陽七里，絞而殺之」，這都是講的將人處死的手段，不是法律規定的死刑方式。秦、漢時的死刑有車裂、斬首、腰斬等，並沒有絞縊。晉時，周豈頁等人提議恢復肉刑，有「截頭絞頸，尚不能禁」之語，但絞縊沒有形成正式的法規，今天也見不到晉代執行絞縊的具體事例。晉泰始年間，郤詵回答晉武帝司馬炎的對策中說：「有亡命而被購懸者矣，有縛束而絞戮者矣。」梟首這也不能作為晉代已有絞刑的例證。因為郤詵所說的是已曾使用過的死刑手段，而不是已成文的法律。

將絞刑列入法典始於北魏。神麚四年，太武帝拓跋燾讓崔浩改定律令，規定死刑有斬、絞、腰斬、車裂和沉淵等。北周、北齊承襲北魏刑律，都把絞作為死刑之一。北周規定死刑有五種：一罄，二絞，三斬，四梟，五裂。「罄」又作「磬」，也是絞刑的一種，執行的辦法是用絞索套住人的脖子將人懸掛起來，就像古時的樂器磬那樣懸掛著似的。「磬」作為刑罰的一種早在周代已有，《禮記．文王世子》雲「公族其有死罪則磬於甸人」，鄭玄註解說：「懸縊殺之曰磬。」後世的絞縊大概只是用繩索把人勒死，並不一定要懸掛，北周明確地把磬與絞分為二種，說明它們在執行時還是有區別的。當時對犯什麼罪應當處以絞刑有具體的規定，如建德五年春正月詔令，私自鑄錢者要絞縊處死。北齊規定死刑分車裂、梟首、斬、絞共四等，其中絞刑最輕。

隋代，《開皇律》定死刑為斬與絞二等。此後各代相沿，絞刑遂為正式的官刑。和斬首相比，絞刑是人們公認的輕一等的死刑。因為斬首使人身首異處，腰斬使人手足異處，車裂、肢解、凌遲等更使人身體破碎，而絞縊能使人保持完整的屍體；同時，施用絞刑時，由於絞索勒緊人的頸部動脈，犯人能在相當短暫的時間內死亡，因而痛苦程度較凌遲、斬首為輕。所以，絞刑的設置較為符合人道，近現代世界不少國家執行死刑單用絞，道理即在於此。

唐德宗時，刑部侍郎班宏言建議將絞刑和斬首改為重杖處死，被批准實行。於是，當時被判死刑的人，先行杖，有的杖一百，有的杖六十，這樣將人活活打死。重杖處死時犯人受痛苦時間長，而且身體血肉模糊，形狀悽慘，因此這比絞縊而死史殘酷，過了不久，重杖處死代替絞刑的做法即被廢除。

宋代，絞刑和斬首並用，該絞該斬都須經嚴格的審判。有的官員判定絞刑的人數比判定斬首的人數還要多。神宗元豐年間，河中人劉勃自南京軍巡官代還，他自言在任期內判定絞刑共二百六十人，而判定斬刑僅六十人。宋代和唐代一樣，還規定被判為絞或斬的犯人可以交納銅來贖罪，交納的數量為一百二十斤，宋代除交銅之外，還要另加決杖一頓。雖然如此，當時仍有不少的犯人因交不出這些銅而被絞死。

遼代，絞縊仍然是死刑的一種。天祚帝耶律延禧保大四年五月，金兵攻克燕都，宰輔左企弓、曹勇義和樞密使虞仲文、參知政事康公弼等降金，燕都百姓流離失所，前去依附平州留守張轂。張轂採納翰林學士李石的計策，派部將張謙率領五百餘騎兵把左企弓等人召集到灤河西岸，曆數他們降敵的罪行，然後把他們全部絞死。金代的死刑仍然為斬、絞二種，也可以交納銅來贖免，但交納的數量為二百四十斤。

元代死刑有斬首和凌遲而無絞刑。孫承澤《春明夢余剝說》：「元世祖定天下之刑，笞、杖、徒、流、絞五等。」所言元代有織刑，未說明根據，不可信。元末人陶宗儀《輟耕錄》卷二「五刑」一節已明確指出「國初立法……死，則有斬，有凌遲，而無絞」，這與《元史．刑法志》相一致，應該是符合實際的。

明、清兩代列絞縊為死刑之一，這和唐、宋、遼、金都是一樣的。明代對絞刑的判定有明確的法律條文，如正統八年大理寺議定，對盜竊犯初犯者在右臂刺字，再犯者在左臂刺字，三犯者要處以絞刑，此議經皇帝批准實行。清代判定絞刑和其他死刑一樣，都必須經過嚴格的審批程序，同為死刑，或斬或絞也需要嚴加區別。如順治十四年江南科場案發，刑部審理後判定正主考方猶應斬首，副主考錢開宗應處絞，同考官葉楚槐等應流放尚陽堡，結果經皇帝親自批覆，將方、錢二人俱斬首正法，同考官葉楚槐、周霖等十七人都絞刑處死。聖旨下後，立即執行。

同凌遲、斬首等死刑處死方式相比，絞縊是延續得最長久的刑罰。直到現代，世界上仍有一些國家使用絞刑。

## 鴆毒

古代，用毒藥致死人命是謀害人或懲罰人的重要手段，而常用的毒殺手段是鴆毒。

鴆是一種鳥，比鷹略大，與雕或貓頭鷹的大小相似，羽毛紫黑色，長長的脖子，赤色的喙。雄鳥名叫運日，雌鳥名叫陰諧，江南人還把它叫做同力鳥。中國人在很古的時候，就認識到這種鳥有劇毒。據傳說，鴆鳥專門吃毒蛇，毒蛇的毒性滲透到鳥體的各個器官，不僅肌肉、內臟有毒，連喙和羽毛都有毒。鴆的屎拉在石頭上，石頭也會腐爛如泥；鴆的巢下數十步之內寸草不生；鴆鳥飲水的小溪，各種蟲類都會被毒死。鴆鳥的毒性來自毒蛇，但又可以以毒攻毒，化解毒蛇的毒性。李時珍的《本草綱目》中說，人如果被毒蛇咬了，就把鴆鳥的角質的喙刮下少許粉末，敷到傷口上，可以立即止毒，很快痊癒。而正常的人誤食鴆鳥的肉或內臟，就要送命。如果把鴆鳥的羽毛在酒中浸泡一下，這酒便成為毒酒，就是人們常說的鴆酒，人飲少許這樣的酒，就會很快被毒死。

早在春秋時期，鴆毒已被用作謀害人的手段。西元前六五六年，晉獻公的寵妃驪姬企圖謀殺太子申生，她把鴆毒下到酒裡，把堇菜（一種毒草）放入肉中，讓申生食用，申生還沒有沾唇，獻公先到了，他用這酒灑在地上祭奠祖先，地面上立即鼓起一個大包。申生發現了驪姬的陰謀，十分害怕，就離宮出走，不久自縊而死。申生雖然不是直接死於鴆毒，但從史籍的記載來看，鴆酒的毒性實在令人畏懼。

從漢代起，用鴆毒殺人的事更為常見了。西元前一九五年，劉邦死，惠帝劉盈即位，呂后擔心趙王如意成為帝位的威脅，就把他召到長安，用鴆酒毒死。之後，呂后又想害死齊王劉肥。劉肥是劉邦未發跡時討的一房側室生的兒子，呂后早對他視為眼中釘。惠帝二年，劉肥入京朝見，惠帝劉盈熱情設宴招待這位兄長，呂后突然來到宴會大廳，看見劉肥坐在上座，劉盈用家庭內部的禮節對待他，勃然大怒，就悄悄吩咐從人準備兩杯鴆酒，命令劉肥為自己祝壽，飲那杯酒。劉盈不知呂后的用心，也端起另一杯鴆酒為呂后祝壽。呂后急忙奪下劉盈的杯，把酒倒掉，把酒杯反扣在桌上。劉肥感到奇怪，也不敢飲自己端的這杯酒了，他假裝酒醉而離席。後來他得知呂后給他的是鴆酒，非常憂慮，擔心自己不能離開長安，早晚有一天會死於呂后之手。呂后屢次用鴆毒謀害非親生的兒子，其心性狠毒可見一斑。

漢武帝死後，大將軍霍光和衛尉王莽（字稚叔，不是篡漢的王莽）同輔政，武帝有遺詔封霍光、金日磾和上官桀三人，沒有王莽，王莽的兒子王忽懷疑遺詔是偽造的；霍光非常生氣，嚴詞責備王莽，王莽害怕得罪霍光會遭大禍，就鴆殺王忽。漢朝的另一位王莽（字巨君，篡漢後自立為皇帝）也慣用鴆毒，漢平帝元始五年，他就產生了篡位的念頭，在臘日進獻椒酒時把鴆毒下到酒裡，毒死平帝，第二年立孺子嬰為帝。公孫述占據四川稱帝時，聽說李業以才德負有聲望，想聘用他為博士，李業堅決推辭，不肯從命。公孫述大怒，就派大鴻臚卿尹融帶著鴆酒和詔書再去請李業，如果李業願意奉詔，就封他公侯之位；如果仍然固辭不受，就賜他飲此毒酒。李業從容選擇了後者，飲鴆而死。三國時，魏高貴鄉公曹髦親率侍衛討伐司馬昭，被司馬昭部將殺死，皇太后（魏明帝曹叡又皇后郭氏）下詔歷數曹髦的罪惡，說曹髦曾經賄賂她左右的人，打算趁她服藥的機會下鴆毒毒死她。這位郭太后所說的是否屬實，姑且不論，但從此事可知，鴆毒一直是宮廷中施行陰謀詭計時常用的手段。

鴆毒之所以經常為人所用，是因為其毒性大，從服毒到致死所需時間短，正如東漢霍諝所言：「未入腸胃，已絕咽喉」，中毒致死如此迅速，即使有解藥也來不及救命。五代時，南唐烈祖李異對老臣周本不放心，就在一次宴會時將杯中酒下了鴆毒，賜給周本，周本非常警覺，心中懷疑，假裝醉而不飲，就另外找一隻空杯子，把那杯有毒的酒分作兩份，以其中的一杯遞給烈祖，請求同飲，並且說：「我用這杯酒祝皇上千秋萬歲，陛下若不飲，就不是君臣同心同德的意思。」烈祖面色驟變，十分尷尬，無話可答，也不敢接酒，在座的臣僚們面面相顧，大驚失色，不知如何是好。這時，著名優人申漸高看見僵局，心中明白，就假借跳舞助興的名義，進入宴會大廳，來到烈祖面前說：「這杯酒讓我先飲吧！」說著，就把兩半杯酒合在一起乾了，把杯子也揣在懷裡，匆忙離去。烈祖暗地派親信帶著最好的解藥去救申漸高，但未能見效，申漸高腦漿迸裂而死。

由於鴆毒害人非常殘酷，所以古代有人早就反對使用鴆毒。戰國時，楚國的使者附馬共前往巴國，途中看見一個人挑著一擔下了鴆毒的酒，問他擔這毒酒幹什麼，那人說是用來鴆殺人的。駙馬共請求買下他的毒酒，那人同意出賣，駙馬共帶的錢不夠，就把車和馬都給了他，買到這些酒之後全部倒到江裡。原來駙馬共買它是為了銷毀這些毒品。這個故事，被作為古代宣揚仁慈的例子廣為流傳。晉代，朝廷曾下令禁止鴆毒，並且規定鴆鳥不許過江。石崇任南中郎將、荊州刺史時，曾捕獲一隻鴆鳥雛，交給後軍將軍王愷養護，司隸校尉傅祗告發了這件事，朝廷下詔寬宥了石崇，命令把那只鴆鳥雛在街市當眾燒死。東晉昇平二年，王饒向朝廷進獻鴆鳥，晉穆帝司馬聃大怒，下令把王饒鞭打二百，另派殿中御史某把那只鴆鳥燒死在京城裡的十字街口。但是，需要說明一點，晉代禁用鴆毒，並不是禁絕一切毒死人的做法，那時常用的毒殺人的方法是飲金屑酒。晉惠帝皇后賈南風就是被趙王司馬倫用金屑酒毒死的。

晉代以後，毒殺人的方法越來越多，更為常見的是使用信石（即砒霜）。由於鴆毒是一種歷史悠久的傳統的方法，所以即使用其他毒品謀害人命，也習慣地仍稱為鴆或鴆殺。如《水滸傳》第二十五回「王婆計啜西門慶，淫婦藥鴆武大郎」，說是鴆殺，其實潘金蓮使用的是西門慶生藥鋪裡的砒霜。當然，鴆毒這種傳統的方法也沒有丟棄，直到清代仍然有人使用。如明末著名奸臣阮大鋮的女兒阮麗珍本來嫁給了楊龍友的兒子楊作霖，入清後她流落到某親王府中，這位親王的福晉非常妒忌，就用鴆酒把她毒死了。

鴆毒殺人無疑是非常殘酷的，但讓人中毒而不讓人死、故意觀看人在中毒時痛苦的慘狀，更是喪失人性的暴虐行為。明太祖朱元璋就幹過這樣的事情。洪武年間，錦衣衛有個名叫王宗的廚師，犯了罪害怕殺頭，讓家裡人向醫生王允堅買了一包毒藥。朱元璋得知此事，下令逮捕王允堅，讓他把自己賣出的這包毒藥當場吞下。王允堅手拿毒藥，大驚失色，態度猶豫，不敢吞服，武士在旁邊催逼，王允堅不得已把毒藥吃下去。這時，朱元璋細細問他這毒藥是怎麼配製的，吃下之後多長時間會死，如果中毒而死還有什麼留戀等問題，王允堅一一作了回答。然後朱元璋又問他這毒藥有沒有辦法消解，王允堅說，用涼水、生豆汁、熟豆清摻合在一起讓服毒者飲下，可以解毒，若用「糞清插涼水」解毒更快。於是，朱元璋叫人取來涼水半碗，糞清少許，在旁邊等——待。不一會，王允堅出現中毒症狀，眼神四顧，煩躁不安，兩手不住地在身上搔來搔去，朱元璋又喋喋不休地問他中毒後的感覺以及多長時間內可解、過了多長時間就不可解等問題，直到看見王允堅痛苦難耐，生命垂危的時候，才叫人給他灌下解毒的糞清與涼水。王允堅受盡折磨，奄奄一息，僥倖沒有死，但是到了第二天，朱元璋又下令把王允堅處以斬刑，並梟首示眾。朱元璋這種凶殘手段在中國歷史上實屬罕見。二十世紀第二次世界大戰中，日本和德國納粹用活人進行滅絕人性的毒品試驗，受到世界輿論的一致譴責，這種違背人道主義的做法，朱元璋早在幾百年前就已經付諸實踐。

今天，隨著科學技術的發展，各種各樣的化學毒劑（如氰化物等）及其他毒品大量出現，鴆毒已成為歷史的概念，鴆鳥這種動物如今似乎也見不到了。

# 黥面

黥面就是墨刑，周代五刑的第一種。施行的方法是在人的臉上或身體的其他部位刺字，然後塗上墨或別的顏料，使所刺的字成為永久性的記號。同劓、宮、刖、殺相比，黥面顯然是最輕微的。但是，這種刑罰也要傷及皮肉甚至筋骨，而且施加於身體的明顯部位，無法掩飾，不僅給人造成肉體的痛苦，同時使人蒙受巨大的精神羞辱。因此，本書也把它列為酷刑之一。

黥面是一種很古老的刑罰，堯舜時，三苗之君使用的五虐之刑，就包括黥面在內。堯誅三苗，廢「五虐」，改用「象刑」，就是給犯罪者穿上與常人不同的衣服，以示懲罰，其中當受墨刑者要戴黑色的頭巾。禹繼堯舜之後開始使用肉刑，以後正式把墨刑定為五刑之一。

最初，墨刑的施行方法是用刀刻人的皮膚，然後在刻痕上塗墨。《尚書・呂刑》篇中「墨辟疑赦」一句後，孔安國傳云：「刻其顙而涅之曰墨刑。」《周禮・司刑》一節中「墨罪五百」一句後，鄭玄注云：「墨，黥也，先刻其面，以墨窒之。言刻額為瘡，以墨窒瘡孔，令變色也。」《禮記・文王世子》篇注雲，墨刑和劓、刖等刑一樣，「皆以刀鋸刺割人體也。」《國語・魯語》也曾說：「小刑用鑽鑿，次刑用刀鋸。」墨刑為小刑，當是使用鑽或鑿為刑具。其他各書述及墨刑時都是說用刀刻。這些說明，墨刑在最初規定為刑罰的時候，施行時用刀，而不是後世才採用的針灸。人的面部神經是極其敏感的，犯人在被黥面時的疼痛之狀可想而知，由於傷口感染，有的犯人也會因黥面而致死。

西周時，刑法規定「墨罪五百」，即列舉應處以墨刑的罪狀有五百條之多。《尚書・呂刑》篇亦云：「墨罰之屬千。」可見，當時的刑罰是很嚴厲的，民眾稍有小過，就要被黥面。周代，奴隸主貴族常用黥面者作守門人。因為這些人的臉上帶有恥辱的標記，走到哪裡都會被認出來，所以他們一般都不會逃跑。而且，黥面者的四肢是健全的，不影響勞作。春秋戰國時，各國常使用黥面的囚徒去做各種苦役。秦國商鞅變法時用法嚴酷，有一次太子犯法，不便加刑，商鞅就把太子的師傅公孫賈黥面，以示懲誡。秦始皇三十四年，丞相李斯奏請焚燒《詩》、《書》等儒家書籍，規定說，如果命令下達之後三十天內不燒者，要「黥為城旦」。「城旦」是一大早就起來修護城牆的苦役工。當時，「黥為城旦」成為一項比較固定的處罰犯人的措施，這樣的犯人遍布全國各地。秦末農民大起義的隊伍中，有許多是受過黥面之刑的囚徒。漢初被高祖劉邦封為淮南王的英布，年輕時也曾因小罪被黥面，因此，人們就把他的名字稱為黥布。

漢初刑法沿襲秦制，仍使用黥面之刑。《漢書．刑法志》規定「墨罪五百」，條款數目同周初一樣。西元前一六七年，漢文帝劉恆下詔廢除肉刑，規定將當受黥面之刑者「髡鉗為城旦舂」。意思是，男子應當黥面者，改為剔去頭髮、頸上戴著鐵製的刑具、去做為期四年的「城旦」苦役；女子應當黥面者，改為去做為期四年的舂米的苦役。此後直至漢末，黥面未再實行。但在漢代時，匈奴曾規定，漢朝的使節如果不以墨黥面，不得進入他們的單於所居住的穹廬。有一次，王烏充任漢朝使節，出使匈奴時就順從了他們的規矩，單於大喜，同意讓匈奴的太子到漢朝作人質，請求與漢和親。有人說，匈奴的這種規定是他們的一種習俗，只是用墨畫在臉上，象徵性地表示黥面，並非真的用刀刻割皮肉。這和作為刑罰的黥面當有所區別。

漢代以後，隨著某些肉刑的恢復，黥面也重新被採用。晉代規定，奴婢如果逃亡，抓回來之後要黥其兩眼上方，並加銅青色；如果第二次逃跑，再黥兩頰；第三次逃跑，黥兩眼下方。上述三處，施行時都要使黥痕長一寸五分，寬五分。這種黥痕可以深深印到人的骨頭上。唐代貞元年間，段成式的從兄經過一個叫黃坑的地方，他的隨從拾取死人的頭顱骨，打算用它配藥，看見一片骨頭上有「逃走奴」三個字的痕跡，色如淡墨。

段成式判斷這是古時被黥面的人的頭骨，而且很可能就是晉代逃亡過的奴婢的遺骨。

南朝宋泰始四年，宋明帝劉彧頒行黥刑和刖刑的條律，規定對犯有劫竊官仗、傷害吏人等罪者，要依舊制論斬；若遇赦令，改為在犯人兩頰黥上「劫」字，同時割斷兩腳筋，發配邊遠軍州；若是五人以下結夥以暴力奪取他人財物者，也同樣處罰。梁天監元年，梁武帝蕭衍又頒定黯面之刑。黑黯面的施行方法，大概不是用刀刻，而是用針炙。如果犯有搶劫罪應當斬首而遇赦者，要黯面為「劫」字。這種刑罰實行的時間不長，天監十四年即予以廢除。

北宋時，黥面之刑一律改用針炙，因而又稱為黥刺。犯人的罪狀不同，刺的位置及所刺的字樣排列的形狀也有區別。凡是盜竊罪，要刺在耳朵後面；徒罪和流罪要刺在面頰上或額角，所刺的字排列成一個方塊；若為杖罪，所刺的字排列為圓形。凡是犯有重罪必須發配遠惡軍州的牢城營者，都要黥面，當時稱為刺配。如《水滸傳》中寫林沖被刺配滄州牢城，武松被刺配孟州牢城；陸謙指使董超薛霸在半路上結果林沖性命，特意囑咐他們揭取林沖臉上刺字的那塊面皮來回話；武松被黥面是刺在額角上的，後來他扮成行者，把頭髮垂下來可以遮蓋著被刺的字。小說中的這些描寫，可以作為我們今天理解北宋時期黥刺刑罰的例證。北宋名臣狄青年輕時也曾被刺配，後來貴顯，仍保留著刺的印記，不願除掉它。直到南宋時，刺配的做法都是很常見的。

遼代刑法也有黥刺，和北宋的施行方法相同，也是用針炙，但刺的位置不完全一樣。重熙二年，遼興宗耶律宗真規定，對判為徒刑的犯人，要刺在頸部。奴婢私自逃走被抓回，如果他（她）同時盜竊了主人的財物，主人不得黥刺其面，要刺在他（她）的頸或臂上。犯有盜竊罪的，第一次犯刺右臂，第二次犯刺左臂，第三次犯刺脖頸的右側，第四次犯刺脖頸的左側，如果第五次再犯，就要處死。遼代其他刑罰非常殘酷，唯獨黥面之刑比前代要寬大一些。

金代規定犯有盜竊罪且贓物在十貫以上五十貫以下者要處以徒刑，同時刺字於面部，贓物在五十貫以上者要處死。元代仿照宋、金的有關法律，對盜竊罪要予以刺字，並同時施加杖刑，刺的方法和杖的數目有非常詳細的條款，另外，對什麼情況下免刺、什麼情況下已經刺過仍要補刺等等，也都有具體的規定。

明代關於黥刑的法律，與宋元大同小異，但使用的範圍更狹窄一些。洪武三十年規定，謀反叛逆者的家屬及某些必須刺字的犯人予以刺字，其他各類犯人一律不再用宋代那種刺配的方法。另外，對於盜竊犯，初犯者要在右小臂上刺「竊盜」二字，再犯者刺左小臂，第三次犯者要處以對於白晝搶劫他人財物者，要在右小臂上刺「搶奪」二字，如果再犯搶奪罪者，照例在右小臂上重刺。情節比較輕微的偷摸都勿須刺字。明代的法律中對免刺、補刺的規定也有明確的條文。

清代的黥刑主要施用於奴婢逃跑，而且常和鞭刑並用，稱為鞭刺。順治十一年，朝廷議準，對於逃亡的奴婢凡是七十歲以上、十三歲以下者要免予鞭刺。順治十三年又規定，犯盜竊罪者也要刺字。康熙四年規定，對逃亡的奴婢的刺字不再刺在面部，和盜竊罪一樣都刺小臂。第二年又下令說，如果逃亡者改刺小臂，這樣逃亡者越來越多，無法稽查，因此仍舊改為刺面。康熙十二年詔令，凡是七十歲以上、十五歲以下的逃亡者要免予鞭刺，如果是夫帶妻逃、或父帶女逃、或子帶母妹逃者，婦女免予鞭刺，如果是婦女單獨逃亡者不能免除。這樣的規定，說明清代奴婢的處境悲慘，而且逃亡現象嚴重，同時說明統治者對逃亡者的鎮壓也非常嚴厲。

縱觀各代實行黥刑的歷史，古時刀刻法的黥面變為宋、元、明、清的刺字，其殘酷的程度應該說是在逐漸減弱。

黥面作為一種刑罰制度，同人類的刺面紋身的習俗有密切的關係。世界上各民族在人類社會的早期大都有刺面紋身的歷史，具體做法是用刀刻或針炙皮肉，和刑罰的黥面一樣，也必然有疼痛的感覺，因而它也具有一定的野蠻性和殘酷性。產生刺面紋身現象的社會因素和人類的心理因素比較複雜，主要的是由於原始的自我美化意識和圖騰崇拜意識的作用。刺面紋身者所雕刺的內容主要是人們喜愛的象徵美麗、勇敢或吉祥的文字和圖像。黥面之刑是將刺面紋身的殘酷性的一面加以發展，用作懲罰罪人的手段，它給罪人身體留下的是表示恥辱的標記，既給犯罪者造成精神的壓力，也對其他人起著警誡和震懾的作用。黥刑和刺面紋身的目的雖然不同，但它們都是人類社會早期階段共同的社會文化心態的反映。

中國早有刺面紋身的習俗，南方更為突出《禮記・王制》篇云：「東方曰夷，被髮文身。」後疏云：「越俗斷髮文身，以避蛟龍之害，故刻其肌，以丹青涅之。」這裡所述的具體做法和黥面相同，只是殘酷的程度有所差別。《莊子・逍遙游》篇也說：「越人斷髮文身，無所用之。」後世南方有刺面紋身者，被稱為「繡面老子」，就是殘存的越地的遺俗。

隨著社會的發展和人類文明程度的提高，刺面紋身的現象同黥面之刑一樣長期存在於人們的社會生活中。刺面紋身者刺的圖案或文字以及刺在身體的什麼部位因人而異，有的刺動植物，有的刺山水畫，有的刺詩詞對聯或警語；有的刺在臉面或頭頸，有的刺在腰背腿部。進行刺面紋身的目的也各不相同，有的是為了裝飾，有的是為了獵奇，有的則是以所刺的圖案作為黑社會組織的標記。

唐代，紋身的風氣最盛。據《酉陽雜俎》記載，當時京城中的一夥青皮無賴最愛紋身。有個名叫張干的，頗有勇力，他在左臂上刺「生不怕京兆尹」、右臂上刺「死不怕閻羅王」兩行字，其心理狀態由此可以想見。又有個叫王力奴的，請工匠在他的胸部和腹部刺上山水園亭、鳥獸草木，精細清晰，染上不同的顏色，簡直就是一幅美妙的圖畫。又有個竊賊名叫趙武建，身上刺了一百六十處番印或盤鵲，兩臂上刺著一首詩：「野鴨灘頭宿，朝朝被鶻梢。忽驚飛入水，留命到今朝。」又高陵縣人宋元素，身上刺七十一處，左臂上刺的一首詩為：「昔日以前家未貧，若將錢物結交親。如今失路尋知己，行盡關山無一人。」右臂上刺著一個葫蘆，葫蘆上長出一顆人頭，好像傀儡戲中的郭郎似的，別人問他，他說這是葫蘆精。元和年間，李夷簡在四川做官，當地市井中有個無賴，名叫趙高，經常因打架鬥毆被拘捕。他的背上刻著毗沙門天王像，衙役對他行杖時，看見這天王圖像，不敢下手。趙高有恃無恐，更加橫行。李夷簡得知，下令將趙高抓獲，叫衙役用新製造的大棒只管打他，直到把天王圖像打淨為止。結果打到三十多棍，體無完膚，那天王圖像還依稀可辨。可見當初刺得很深，顏色浸入到肌肉腠理之中，所以很難消除。四川還有個叫韋少卿的年輕軍官，不愛讀書，只喜好紋身，他的叔父有一次讓他脫掉上衣，見他胸前刺著一棵大樹，樹梢上聚集著數十隻鳥，樹下懸掛著一面鏡子，鏡子的環上繫著一條長線，有人牽著線站在旁邊。叔父不解其意，問他，韋少卿笑著說：「你沒有讀過張燕公的詩嗎？他的詩中有『挽鏡寒鴉集』一句，這幅畫正是這句詩的意境啊！」荊州有個叫葛清的，他從脖子往下，遍體刺著白居易的詩，共刺三十多首，有的詩句還配有詩意圖，刻繪非常精細。黔南觀察使崔承寵，年輕時身上刺一條大蛇，蛇頭在右手上，張著嘴，好像在吞食食指和中指，蛇身從右臂延伸到脖頸，盤繞數圈又到腹部，蛇尾直拖到小腿上。後來他年齡漸長，做了大官，刺的大蛇依然非常清晰。他會見賓客時總是用衣袖籠著右手，不輕易讓人看見，到了酒酣耳熱的時候，就捲起右臂的衣袖，伸著兩個指頭裝成蛇頭的樣子，嚇唬侍宴的優人說：「蛇咬你！蛇咬你！」優人裝出害怕的樣子大聲叫疼，以此作為笑樂。另外，楊虞卿任京兆尹時，市中有三位王子，很有勇力，他們滿身都刺著花繡，後來因不遵法度，行凶作惡，被官府捕獲，笞杖至死。

古典小說中也常寫到紋身刺字等事件。如《水滸傳》中的史進身上刺著九條龍，因此綽號為「九紋龍」，這是盡人皆知的例子。又如《說岳全傳》中寫岳母在岳飛的背上刺「精忠報國」四字，這是激勵兒子的警語，和一般的紋身具有不同的意義。

古代紋身的具體做法，一般來說是一針一針地刺透皮肉，使之出血，然後用顏料塗染。但也有人使用「刺印」，就是把許多針固定在一塊印上，針尖向外，排成一種圖案。把這印按在人的身體的某一部位，所有的針尖同時刺入皮肉，印起出來後，在一片密密麻麻的針孔上刷以石墨，皮膚上就清晰地顯出圖像，傷痕癒合後，圖像就永遠留存。唐代，有人製造這種刺印出售，若需要紋身，使用刺印比較方便。

關於刺面，古代婦女常用來作為裝飾容貌的手段。有一種美容的方法名叫靨鈿，實際上就是刺面。據說這種方法首創於三國時吳國孫和的鄧夫人。孫和有一次吃醉了酒，舞弄玉如意，誤傷了鄧氏的面頰，流血不止。鄧氏疼痛難忍，不勝其苦。孫和讓太醫給她包紮，太醫說，必須用白獺的骨髓與白玉、琥珀砸碎而成的粉末和在一起塗在傷處，就可以使皮肉長好，而且不顯疤痕。孫和用百金購買到一隻白獺，按照太醫說的方法配好藥膏，但其中琥珀的用量太多了，傷口癒合之後，疤痕卻沒有消淨，在左頰上留下一個紅斑，像硃砂痣似的。孫和看見，覺得她的容貌比原來還要妍麗，因而更加愛她。其他姬妾想討孫和的歡心，也都學鄧氏的樣子，在頰上刺個圓點塗上丹砂，果然，她們也都受到寵幸。後來，這種方法流傳開來，成為閨地的習俗。

古代富貴人家姬妾眾多，正妻如果非常妒忌，有時就採用刺面的手段對其他姬妾進行懲罰。唐代中期以前，士大夫的妻子有不少妒忌凶悍之輩，常對婢妾進行印面，叫做月點或錢點，其實就是黥面。有個叫房孺復的士人，其妻崔氏非常妒忌，規定家中的婢女不準濃妝高髻，給每個婢女每月只發給她豆大的一粒胭脂和一錢白粉。有個婢女用自己的零錢另外買了一些化妝品，打扮得稍微漂亮一點，崔氏看見，大怒道：「你真的這麼愛打扮嗎？那就讓我給你好好打扮一次。」於是就用刀刻去這個婢女的眉毛，塗上青色，又用烙鐵燒灼她的鼻凹和眼角，把她的面皮燒得焦黑而捲起，然後崔氏又給她在燒傷的地方塗上硃砂。後來，婢女的傷疤脫落，留下的印痕竟然真的像是精心修飾的美妝。崔氏的行為和這位婢女的遭遇，生動地反映了黥面和刺面紋身二者之間的連繫與區別：刺面紋身是具有刑罰特徵的裝飾，而黥面是具有裝飾特徵的刑罰。

## 劓刑

戰國末時，楚懷王有個非常寵愛的妃子，名叫鄭袖，性情淫蕩而妒忌。後來，魏王又送給懷王一名美人，懷王立即被她迷住了。鄭袖受到冷落，惱恨在心，決定設計陷害。有一天，鄭袖對新來的那位美人說：「君王是特別喜愛你的，但不太喜歡你的鼻子。你見君王的時候應當用手把鼻子掩住，這樣君王就會長久地寵幸你了。」美人誤以為鄭袖是好意關心自己，就照她的囑咐去做。懷王感到奇怪，就問鄭袖：「新人見了我常常掩住鼻子，是怎麼回事？」鄭袖說：「她嫌大王口臭，所以掩鼻。」懷王大怒，下令割掉美人的鼻子。鄭袖居心險惡，使美人無辜受禍，後人提及此事，免不了感慨一番。唐代大詩人白居易詩云：「天可度，地可量，唯有人心不可防。但見丹誠赤如血，誰知偽言巧似簧？勸君掩鼻君莫掩，使君夫妻為參商。」就是指的這件事。

楚懷王懲治美人的手段，就是古代的劓刑。「劓」字音「意」，它由「鼻」字加「刀」組合起來，含義很明顯，就是用刀割鼻。上古時，劓刑常和黥刑並用。《易經》中說：「其人天且劓。」前人疏云：「黥額為天，截鼻為劓。」按照八卦的分屬，額為乾，乾又指天，所以黥額的刑罰叫做「天」，鼻為艮，毀艮就是割鼻，即劓刑。

劓刑和黥面、割耳、宮刑、刖足都能使人的身體致殘，雖然輕於死刑，但都能給人造成很大的痛苦。所以，《尚書．呂刑》篇把這五種刑罰稱為「五虐」。

劓刑在夏、商時已普遍使用。據說，夏時受過劓刑的有上千人。商代盤庚遷都到殷之後，下詔說：「乃有不吉不迪，顛越不恭，暫遇奸宄，我乃劓殄滅之，無遺育，無俾易種於茲新邑。」意思是，對那些不仁不義、桀驁難訓、一有機會就幹壞事的人，輕者割去鼻子，重者處以死刑，使他們斷子絕孫，務必使新都城內不再有這一類人。

周時正式把劓刑定為五刑之一，並且明文頒布「劓罪五百」，當時「凡觸易君命，革輿服制度，奸宄盜攘傷人者，其刑劓。」就是說，那些違抗國君的命令、破壞規章制度、姦淫偷盜、破壞治安、打架鬥毆、傷人身體者，都要受割鼻之刑。

鼻子長在人的面部的正中，位置顯著，割掉鼻子，臉上就留下一個突出的標記，和受過墨刑的人臉上的黥痕一樣，都無法掩蓋。據記載，古時那些受過劓刑和黥刑的人不便在當地存身，就結夥逃亡到邊遠地方夷人（少數民族）居住的區域。夷人看見這些沒有鼻子、臉上有印記的人感到驚奇，就問他們怎麼回事，他們欺騙夷人說，這在中國是一種風俗。夷人仰慕中原文化，都仿效他們，也互相割去鼻子，或在臉上刺上花紋。結果在夷人那裡倒真正形成了比較固定的風俗習慣。以至於在唐宋時，某些地區的少數民族還保留著割鼻子的傳統，刺面的習俗延緩的時間更長久。

周代，受過劓刑的人常常被派去守關。因為他們被割鼻之後，面貌醜陋，不宜在稠人廣眾中生活，他們自己也不願呆在人多的地方，於是甘心接受命運的安排，到偏僻寂靜的遠處了此殘生。當時距京師五百里之外的三關有十二座關門，都是由那些沒有鼻子的人把守。

春秋、戰國以至漢初，劓刑是一種很普通的刑罰，被割掉鼻子的人說不清有多少。

戰國時，燕兵進犯齊國，田單率輩堅守即墨，當時齊國力弱，形勢危急，田單放出風說：「我最害怕燕軍把抓到的齊軍俘虜都割掉鼻子。」燕軍統帥探知這個消息，不知是計，果然這樣做了。城中的齊兵遠遠望見燕軍中的齊軍降卒和俘虜都成了沒有鼻子的人，既憤怒又害怕，於是鬥志倍增，齊心堅守。田單見軍士們被激怒，群情振奮，非常高興，就用火牛陣戰勝了燕兵。秦孝公任用商鞅實行變法，量刑苛刻，有一次公子虔違犯禁令，商鞅就將他處以劓刑。秦始皇時，劓刑更是家常便飯。太傅趙高教胡亥熟悉獄訟之事，隨意把人抓來割鼻子或斬首，作為胡亥的實習。當時真正犯了罪應當處以劓刑的不計其數。有人說，秦滅了六國之後，把俘獲的六國的軍士和百姓大都予以割鼻，竟然使社會上沒有鼻子的人比有鼻子的人還多，甚至人們以沒有鼻為正常，有鼻子反倒覺得醜了。這話雖然過分誇大，但它卻反映了秦統一全國的戰爭的殘酷的一面。

漢文帝十三年，文帝劉恆下詔廢除肉刑，將劓刑改為用笞三百來代替（景帝時又改為笞二百）。從此，劓刑作為官方規定的刑罰被取消。但是，後世仍不斷有人遵循古制，動輒將人割鼻。南朝梁時，曾一度用劓刑代替較輕的死刑，後來在天監十四年正月，梁武帝蕭衍下詔將劓刑再次廢除。之後，在一些非漢族統治的朝代或非漢族居住的地區，仍正式使用劓刑。如唐代，吐蕃規定的各種肉刑，其中就有劓刑。金代規定對那些犯了重罪而尚不至於被判處死刑者，要處以劓刑或割耳等刑，使他們留下標記，與一般平民百姓有所區別。蒙古民族入主中原的元代也恢復過劓刑。元順帝初年，朝廷下詔對強盜要判處死刑，對一般偷盜牛馬的人要判處劓刑；對一般偷盜驢騾者，初犯要處以黥刑，再犯處以劓刑；對那些偷盜豬羊者，初犯處以墨刑，再犯黥面，三犯割鼻，割鼻後再犯者要處死。其他朝代，如唐、宋、明、清等，官方規定的刑罰未見再用劓刑。

但在戰爭期間，割鼻的現象是常有的事。交戰的雙方抓到對方的俘虜，有時用割鼻、割耳等手段來示威或泄憤，像戰國時燕軍割齊軍的鼻子那樣。東漢末年，袁曹官渡之戰時，曹操率領一支精銳部隊放火燒燬了袁軍的糧草，俘獲袁紹的將領淳于仲簡，將他割掉鼻子。又把一千多名袁軍俘虜全部殺死，把他們的鼻子都割下來，派降卒送給袁軍。袁軍將士見到這一千多只割下來的人鼻子，無不膽寒。曹操親自連夜審問淳于仲簡，仲簡從容對答，不肯屈服，曹操見他是個人才，不想殺他，謀士許攸說：「明天早上，淳于一照鏡子發現沒有了鼻子，他永遠都不會忘記這深仇大恨。」曹操這才下令殺掉淳于仲簡。唐初武德年間，薛舉占據蘭州，與唐朝勢力相對抗，他本性凶暴，每次作戰時，俘虜到對方的士卒都要處死，處死時大都先割掉鼻子，或者截去舌頭，或者將人放在大石碓中用大石杵搗死。《三國演義》、《說岳全傳》等歷史小說中，也可以見到交戰時把敵方俘虜割去鼻子放回去報信一類的情節。

明代是各種酷刑大肆虐的時代。在朝廷正式頒發的刑律之外，上至皇帝，下至吏役，使用非法酷刑簡直不擇手段。燕王朱棣發動「靖難之役」占領南京後，在懲治忠於建文帝的朝臣時用到的五花八門的刑罰，其中就有割鼻。建文朝的兵部尚書鐵鉉曾率兵在山東抵抗朱棣，阻擋他的南下，朱棣對他恨之入骨，這時抓到鐵鉉，肆意報復。鐵鉉寧死不屈，一直大罵朱棣不仁不義，朱棣大怒，命令武士們割下他的鼻子和耳朵放在火上燒熟，塞到他的嘴裡讓他吃下去，並且問他香不香，鐵鉉大聲回答說：「忠臣的肉，怎麼能不香？」大理寺丞劉端和刑部郎中王高一同棄官隱退，被抓獲，朱棣問他們練安和方孝孺（靖難之役時被朱棣殺害的朝臣）是什麼樣的人，回答說都是忠臣，朱棣大怒，下令割去劉端、王高二人的鼻子，朱棣還問他們：「你們沒有了鼻子，這副面目還能算人嗎？」劉端答道：「我們都有面目到九泉之下去見高祖皇帝（指朱元璋）。」意思是譏刺朱棣如此倒行逆施是無顏去見先皇的。朱棣惱羞成怒，命令將他們處死。朱棣又抓到禮部尚書陳迪和他的兒子陳鳳山等六人，處斬之前，下令割下鳳山的鼻子和舌頭讓陳迪吃。還有一位中書舍人名叫林右，當時已逃回原籍臨海，聽說方孝孺死難，設靈位哭祭他，因此被逮捕，押到京師，也被朱棣割掉鼻子。

最後要順便提到一種情況，古代有些嚴格恪守封建禮教的節烈婦女為了表達她的誓不改嫁的決心，就操刀自割其鼻。劉向的《列女傳》中記載有好幾位這樣的典型。其中一位是漢代大梁的寡婦，才貌雙全，年輕守寡，當地不少富貴人家的子弟都想娶她，她都堅決拒絕。梁王聽說了，也強行下了聘禮，要納她為妃，寡婦就對著鏡子自己割下鼻子，對梁王的使者說：「我本來應該以死明志，但我不忍心使我的年幼的孩子成為無母的孤兒。現在我是殘廢的人了，該放過我了吧。」使者回報梁王，梁王讚揚她的氣節，表彰她的操守，當地的民眾都叫她「梁高行」。又有一位，是沛國孫去病的妻子。她是戴元世的女兒，丈夫死後，母親勸她改嫁，她拿起刀就割鼻子，刀鋒不快，割不下來，她把刀放在石頭上磨了磨，才把鼻子割掉。地方官對她的行為也給予了表彰。還有梁郡夏文的妻子和吳縣孫奇的妻子，都是操刀割鼻，自誓不嫁。這些節婦烈女信守封建三從四德的訓誡實在太誠篤了，她們為了保全節操，竟然不惜採用殘酷的劓刑來傷害自身。

國家圖書館出版品預行編目資料

刑律，朕說了算！鞏固君主地位、維持貴族世襲、加強宗法制度，從先秦律令到歷代刑罰，看古人以法「制」天下 / 陳深名，聞明，張林編著 . -- 第一版 . -- 臺北市：崧燁文化事業有限公司 , 2023.03
面；　公分
POD 版
ISBN 978-626-357-133-4( 平裝 )
1.CST: 中國法制史
580.92　　112000444

## 刑律，朕說了算！鞏固君主地位、維持貴族世襲、加強宗法制度，從先秦律令到歷代刑罰，看古人以法「制」天下

臉書

編　　著：陳深名，聞明，張林
發 行 人：黃振庭
出 版 者：崧燁文化事業有限公司
發 行 者：崧燁文化事業有限公司
E-mail：sonbookservice@gmail.com
粉 絲 頁：https://www.facebook.com/sonbookss/
網　　址：https://sonbook.net/
地　　址：台北市中正區重慶南路一段六十一號八樓 815 室
Rm. 815, 8F., No.61, Sec. 1, Chongqing S. Rd., Zhongzheng Dist., Taipei City 100, Taiwan
電　　話：(02) 2370-3310　　　傳　　真：(02) 2388-1990
印　　刷：京峯彩色印刷有限公司（京峰數位）
律師顧問：廣華律師事務所 張珮琦律師



定　　價：299 元
發行日期：2023 年 03 月第一版
◎本書以 POD 印製